Gabriela Scolik
Karin Dreher

Großbritannien

1000 Fakten

über das Land, in dem Männer Melonen und Röcke tragen

BRUCKMANN

Großbritannien

1000 Fakten

über das Land, in dem Männer Melonen und Röcke tragen

Welcome to Great Britain!

Wie gut kennen Sie das Vereinigte Königreich von Großbritannien? Was macht es so besonders? Wussten Sie, dass es das Land mit der größten Tradition bei Sportwetten ist? Dass man die Queen's Guard an ihren Knöpfen erkennen kann? Wissen Sie, wer die *Voice of Britain* genannt wird?

Das und viel mehr finden Sie in diesem Buch – von Robin Hood bis Queen Elisabeth, von Tower Bridge bis Shakespeare.

Stöbern Sie in diesem Buch und finden Sie heraus, was anders ist, welche Eigenarten die Briten haben und was den Charme dieses Landes ausmacht.

Viel Spaß beim Entdecken dieses Landes!

LANDESTEILE

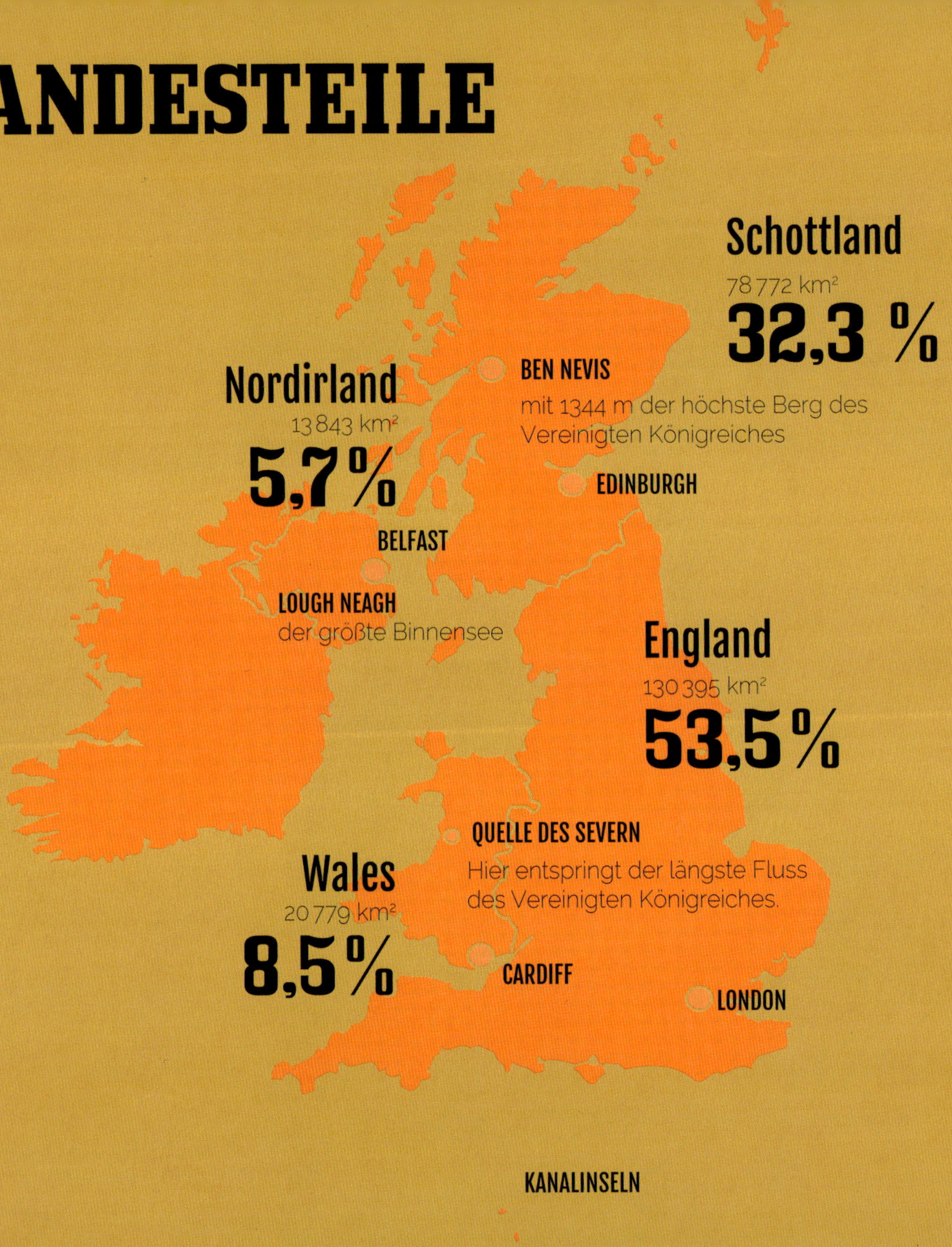

England

Einwohner: 54 316 600

83,5%

Schottland

Einwohner: 5 347 600

8,3%

Nordirland

Einwohner: 1 840 500

3,8%

Wales

Einwohner:

3 092 000

4,8%

Sprachen

Englisch
Walisisch in Wales
Schottisch-Gälisch in Schottland

Irisch und Ulster Scots in Nordirland

BEGRÜSSUNG

Wangenluftkuss

nur zwischen guten Freunden, ein einziger Kuss wird nur angedeutet

Hello

Hallo (informell)

How are you?

Wie geht es dir/Ihnen?

How do you do?

Wie geht es dir/Ihnen?

Good day

Guten Tag (formell)

Good morning

Guten Morgen

Good afternoon

Guten Tag
(nach dem Mittagessen)

Good evening

Guten Abend

Vorstellung

Schön, dich/Sie kennenzulernen:
Pleased to meet you!
Nice to meet you!
It's a pleasure to meet you!

Brief

To whom it may concern (formell/Behörde)
Dear Sir/Dear Madam (formell)
Dear Mr/Ms Smith
Dear John/Jane

ABSCHIED

See you soon/ Keep in touch – Auf bald
Goodbye – Auf Wiedersehen
Bye – Tschüss (informell)
Have a nice day – Einen schönen Tag noch

Brief

Yours faithfully (korrekt)
Yours sincerely (formell)
Best wishes
Kind regards
Yours (informell)

FEIERTAGE UND FESTIVALS

Januar

1.

New Year's Day

Traditionell wird Auld Lang Syne vom schottischen Dichter Robert Burns zum Jahreswechsel gesungen. In Schottland feiert man Hogmanay.

25.

Burn's Night (Schottland)

Fest zu Ehren des Dichters Robert Burns. Menü: Suppe, Haggis mit Steckrüben (*neeps*), Kartoffeln (*tatties*), *trifle*. Die Männer tragen Kilts und es werden Burns-Gedichte vorgetragen.

Februar

Chinese New Year

Neumond zwischen **21. Januar und 21. Februar**

Shrove Tuesday

Faschingsdienstag

47. Tag **vor dem Ostersonntag**

Der **Shrove Tuesday** oder **Pancake Day** ist das Ende der Fastenzeit. Traditionell werden Pfannkuchen (*pancakes*) gegessen. In England sind ***Pancake races*** beliebt.

März

1.

St David's Day (Wales)

walisischer Nationalfeiertag, zu Ehren des Heiligen David, Schutzpatron von Wales. Man schmückt sich mit den Nationalemblemen Lauch und Narzisse.

17.

St. Patrick's Day (Irland)

Ehrentag des Schutzpatrons von Irland – St. Patrick. Traditionell kleidet man sich grün und schmückt sich mit *shamrocks* (irischen Kleeblättern).

April

23.

St George's Day (England)

englischer Nationalfeiertag zu Ehren des Schutzpatrons von England. Der 23. April war auch Shakespeares Geburtstag, es gibt zahlreiche Festivitäten zu seinen Ehren.

Mai

1.

Beltane

Beltane ist das keltische Fest des Feuers – man feiert den Sommerbeginn.

Bank holidays

erster (*May Day*) und **letzter** (*Spring bank holiday*) **Montag im Mai**

schul- und arbeitsfreier Tag

Juni

Birthday

Feier zum Geburtstag der Queen

2. Samstag im Juni

August

Eisteddfod

Das größte Kunstfestival in Wales.

1. Augustwoche

Edinburgh Festival Fringe

Das Fringe in Edinburgh ist das größte Kunstfestival der Welt.

Notting Hill Carnival

Europas größtes Straßenfestival

letztes Augustwochenende

September

London Fashion Week

Februar und September

Oktober

31.

Halloween

November

Movember

Charity-Kampagne: Männer lassen sich Bärte wachsen, um Spenden zu Gunsten von Gesundheitsproblemen von Männern zu sammeln.

5.

Bonfire Night

Gefeiert wird das Scheitern von Guy Fawkes' Attentat auf den englischen König. Traditionell werden Guy-Fawkes-Strohpuppen verbrannt und es gibt Feuerwerk.

November

11.

Remembrance Day

Nationaler Gedenktag für die Veteranen des ersten Weltkriegs. Der Erlös des Verkaufs der *Remembrance poppies* (Mohnblumen aus Papier) geht an den Veteranenverband British Legion.

30.

St Andrew's Day (Schottland)

Nationalfeiertag Schottlands zu Ehren des Schutzpatrons St. Andrew.

Dezember

25.

Christmas

Weihnachten wird am 25. Dezember gefeiert. Die Bescherung findet am Morgen statt, traditionelles Abendessen ist ein Truthahnbraten mit *gravy* sowie Christmas Pudding als Dessert.

26.

Boxing Day

Traditionell erhielten Bedienstete am 26. Dezember Geschenke von ihren Arbeitgebern, sogenannte *Christmas boxes* – daher Boxing Day.

NATIONALFLAGGE

Offiziell heißt die Flagge ***Union Flag***, gebräuchlicher ist allerdings die Bezeichnung *Union Jack* – der Begriff wird vermutlich vom englischen *jack* für Bugflagge abgeleitet.

Wales

Schottland

England

Irland (seit 1801)

Union Jack 1606–1800

Union Jack seit 1801

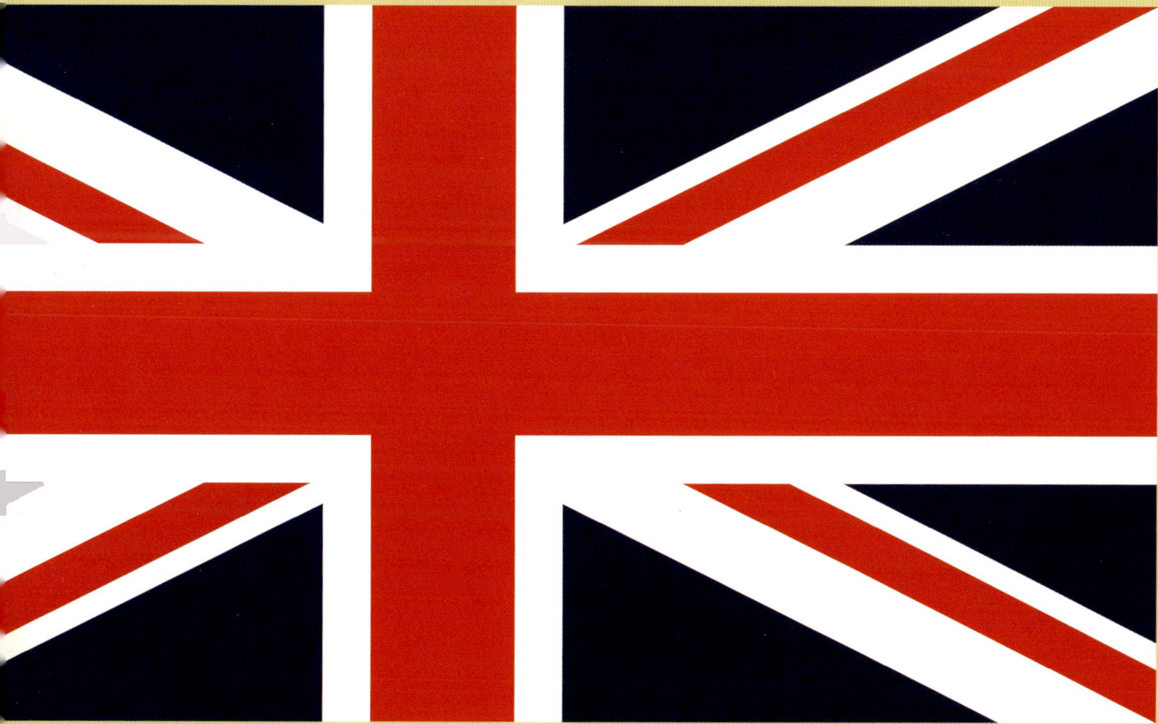

PUBS

kurz für Public House

Ale Houses:

Im 7. Jh. n. Chr.

erließ König Æthelberht von Kent die erste Regelung über die Anzahl von Pubs (damals Alehouses).

Inn

Das Inn war ein Pub mit Übernachtungsmöglichkeit.

Tavern

17. Jh. n. Chr.

Tavernen schenkten ursprünglich nur Wein aus. Sie wurden hauptsächlich von reichen Stadtbewohnern besucht und waren das Herzstück der urbanen Kultur.

Um 970 n. Chr. erließ König Edgar eine offizielle Regelung für Trinkgefäße:

Jedes Gefäß hatte eine Skala auf der Innenseite – es wurde herumgereicht und jeder trank bis zum nächsten Strich (*peg*).

Pub Quiz

In vielen Pubs finden regelmäßig Pub Quizzes statt.

Gewinn: eine Runde Bier/Geld

Gespielt wird in Teams oder pro Tisch.

Themen: Allgemeinwissen, Musikstücke erkennen, Blitzrunde (10 Sekunden, Schätzfragen)

Öffnungszeiten

11:00–16.00 und
19.00–23.00 Uhr

22:45 Uhr:

Glocke – Last Order

letzte Bestellung
Die Sperrstunde wurde mittlerweile abgeschafft, viele Pubs behielten jedoch die traditionellen Öffnungszeiten bei.

Bestellt wird an der Theke, die Getränke werden gleich gezahlt.

Pint/ Half Pint

Pub Crawl

Ziel: Besuch möglichst vieler Pubs an einem Abend. In jedem Pub wird mindestens ein Getränk getrunken.

Crawl (Krabbeln)

bezeichnet den Zustand der Teilnehmer am Ende der Tour.

CLUBS

Zutritt für Mitglieder bzw. deren Gäste
Ursprünglich nur für Männer zugänglich
Aufnahme ausschließlich auf Empfehlung eines Clubmitglieds

Brooks's Club

1764 gegründet
Inoffizielles Hauptquartier der Whigs

White's Club

1693 von Francesco Bianco gegründet
Inoffizielles Hauptquartier der Tories

Reform Club

1836 von Mitgliedern der Liberal Party (*Whigs*) zur Förderung von liberalem und progressivem Denken gegründet.

Hier beginnt Phileas Foggs Reise in Jules Vernes

In 80 Tagen um die Welt.

Carlton Club

1832 gegründet
Margaret Thatcher ist das einzige weibliche Vollmitglied.

Almack's

1765 gegründet
Almack's ist einer der ersten Gesellschaftsclubs in London, in denen auch Frauen Mitglieder werden konnten. Hier fanden vor allem Tanzveranstaltungen statt.

Literary Club

1764 von Joshua Reynolds und Samuel Johnsonsen gegründet

Savile Club

1868 gegründet
Mitglieder waren hauptsächlich Wissenschaftler und Literaten.

Travellers Club

1819 gegründet
Die Mitglieder – hauptsächlich Diplomaten – mussten mindestens einmal im Ausland gewesen sein und sich dabei mindestens 500 Meilen von London entfernt befunden haben.

Oxford & Cambridge Club

1830 für Absolventen der Universitäten Oxford und Cambridge gegründet.

Athæneum Club

1823 gegründet
Mitglieder sind hauptsächlich Künstler, Literaten und Wissenschaftler. Der Club brachte mehr als **50 Nobelpreisträger** hervor.

ADEL

Jeder Adelstitel kann zu einem Zeitpunkt immer nur von einer lebenden Person getragen werden.

Gentry

Niederer Adel

Baronets

(erblich)

Knights

(verliehen)

Person	In direkter Konversation	Adressierung auf dem Briefumschlag	Anrede im Schriftverkehr
Baronet	Sir oder Sir + Vorname	Sir + Vorname + Nachname, Bt (oder Bart)	Sir oder Dear Sir + Vorname (+ Nachname)
Baronetess (im eigenen Recht)	Madam oder Dame + Vorname	Dame + Vorname + Nachname, Btss	Madam oder Dear Dame + Vorname (+ Nachname)
Baronetess (als Ehefrau)	My Lady oder Lady + Nachname	Lady + Nachname	Madam oder Dear Lady + Nachname
Knight	Sir oder Sir + Vorname	Sir + Vorname + Nachname	Sir oder Dear Sir + Vorname (+ Nachname)
Dame	Madam oder Dame + Vorname	Dame + Vorname + Nachname	Madam oder Dear Dame + Vorname (+ Nachname)
Knight (als Ehefrau)	My Lady oder Lady + Nachname	Lady + Nachname	Madam oder Dear Lady + Nachname

Peerage/Nobility

Höherer Adel

Person	In direkter Konversation	Auf dem Briefumschlag	Anrede im Schriftverkehr
Duke/Duchess	Duke/Duchess of (..) Your Grace	Her/His Grace The Duke of (..)	My Lord Duke oder Dear Duke of (..) bzw. Madam oder Dear Duchess of (..)
Marquess/ Marquis bzw. Marchioness/ Marquise	Lord/Lady (+ Ort) oder Your Lordship/Ladyship oder My Lord/My Lady	The Most Honourable The Marquess/... of (..)	My Lord Marquess oder Dear Lord (Ort) bzw. Madam oder Dear Lady (Ort)
Earl/ Countess	Lord/Lady (+ Ort) oder Your Lordship/ Ladyship oder My Lord/My Lady	The Right Honourable The Earl(of + Ort/ Nachname) The Right Honourable Countess (of + Ort/ Nachname)	My Lord oder Dear Lord (Ort) bzw. Madam oder Dear Lady (Ort)
Viscount/ Viscountess	Lord/Lady (+ Ort) oder Your Lordship/ Ladyship oder My Lord/My Lady	The Right Honourable The Viscount/ Viscountess + (Nachname)	My Lord oder Dear Lord (Name) bzw. Madam oder Dear Lady (Nachname)
Baron bzw. Lord of Parliament	Lord (+ Ort/Nachname) oder Your Lordship oder My Lord	The Right Honourable The Lord (Ort/Name)	My Lord oder Dear Lord (+Nachname/ Ort)
Baroness (im eigenen Recht)	My Lady oder Your Ladyship oder Lady (Ort/Nachname) oder Baroness (Ort/Nachname)	The Right Honourable The Lady (Ort/Nachname)	Madam oder Dear Lady (Ort/Nachname) oder Dear Baroness (Ort/Nachname
*Baroness (als Ehefrau) * Lady of Parliament (im eigenen Recht oder dem des Ehemannes)	My Lady oder Your Ladyship oder Lady (Ort/Nachname)	The Right Honourable The Lady (Ort/Nachname)	Madam oder Dear Lady (Ort/ Nachname)

WETTER UND KLIMA

Das Vereinigte Königreich gehört entgegen aller Klischees **nicht zu den Top 10 der regenreichsten Länder** der Welt.

Sonnenstunden

Nordwesten: ca. 1000 Sonnenstunden

Süden: ca. 1800–2000 Sonnenstunden

Schottland

Ozeanisches Klima

WESTLICHE HIGHLANDS

ca. 3000 mm

Niederschlag

LOWLANDS

ca. 800 mm

Niederschlag

Nordirland

Maritimes Klima

NORDWESTEN

ca. 2000 mm

Niederschlag

SÜDEN

ca. 800 mm

Niederschlag

Das Wetter ist und bleibt das beliebteste Geschprächs-thema der Inselbewohner.

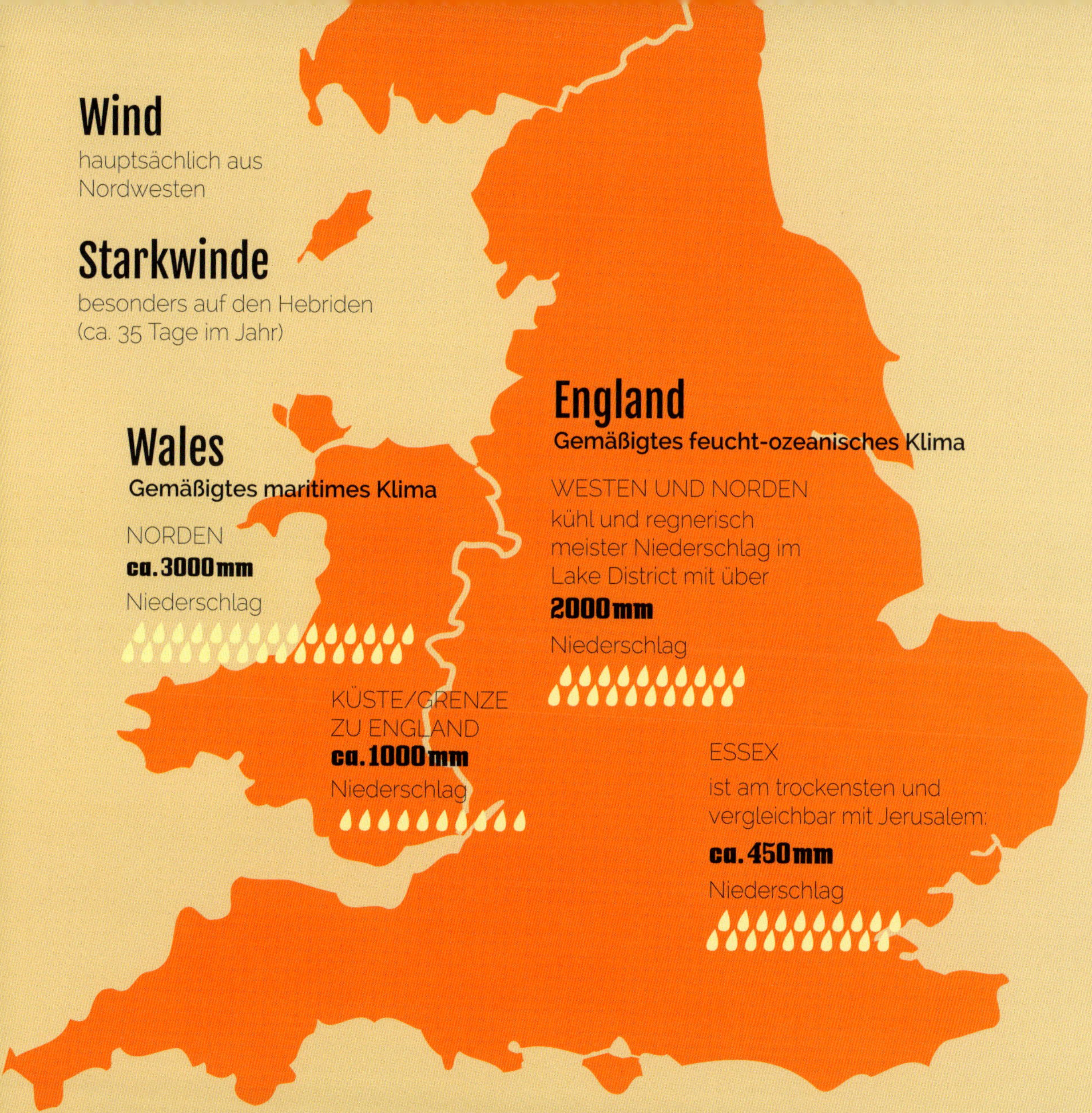

Bei den hier angegebenen Werten handelt es sich um Jahresdurchschnittswerte.

REGENSCHIRME

Die Mitglieder des
Königshauses
tragen seit Jahren

Birdcage Umbrellas,

meist mit einer zur
Kleidung passenden
farbigen Bordüre.

Fulton Umbrellas

ist die meistverkaufte

Regenschirmmarke des Vereinigten Königreiches

und bekam von Königin Elisabeth II. einen **Royal Warrant to the Queen** verliehen – ist also offizieller Hoflieferant.

Der **Schirm**
von James Smith & Sons ist traditionell schwarz oder grün.

Der **Griff** wird aus Schlehenholz gefertigt und mit Sterlingsilber verziert.

James Smith & Sons

in der Londoner Oxford Street ist das älteste Regenschirmgeschäft Europas.

Eröffnung:
1857

Der **Stock** wird individuell an die Körpergröße des Kunden angepasst.

GANZ ANDERS

Fenster

öffnen sich nach oben

kalt

warm

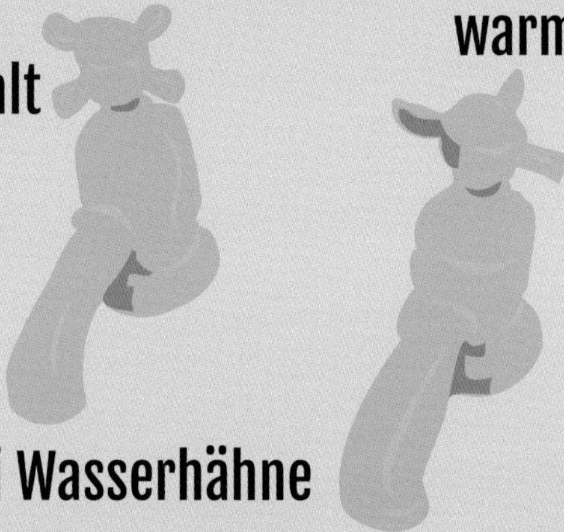

zwei Wasserhähne

Steckdosen

Schlange stehen

gehört zum guten Ton
und will gelernt sein!

Linksverkehr

Rote Telefonzellen

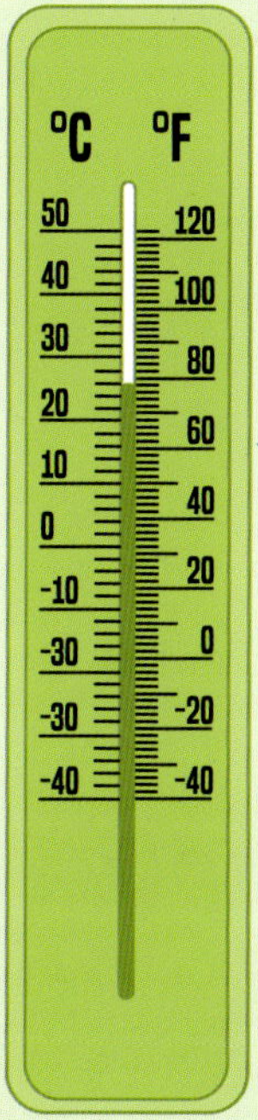

Fahrenheit

WETTEN

Das Vereinigte Königreich ist das Land mit der größten Tradition bei Sportwetten.

The daily punt
(die tägliche Wette)

ist in allen Gesellschafts-
schichten üblich

Ein Wettklassiker ist die Frage, welche **Farbe der Hut** hat, den die **Queen beim Pferderennen in Ascot** tragen wird.

Bet 365

mehr als 10 Millionen.

Wettkunden pro Jahr

William Hill

seit mehr als 80 Jahren

tätig, mehr als 3000 Wettbüros

Ladbrokes – The Big Red

ca. 2700

Wettshops

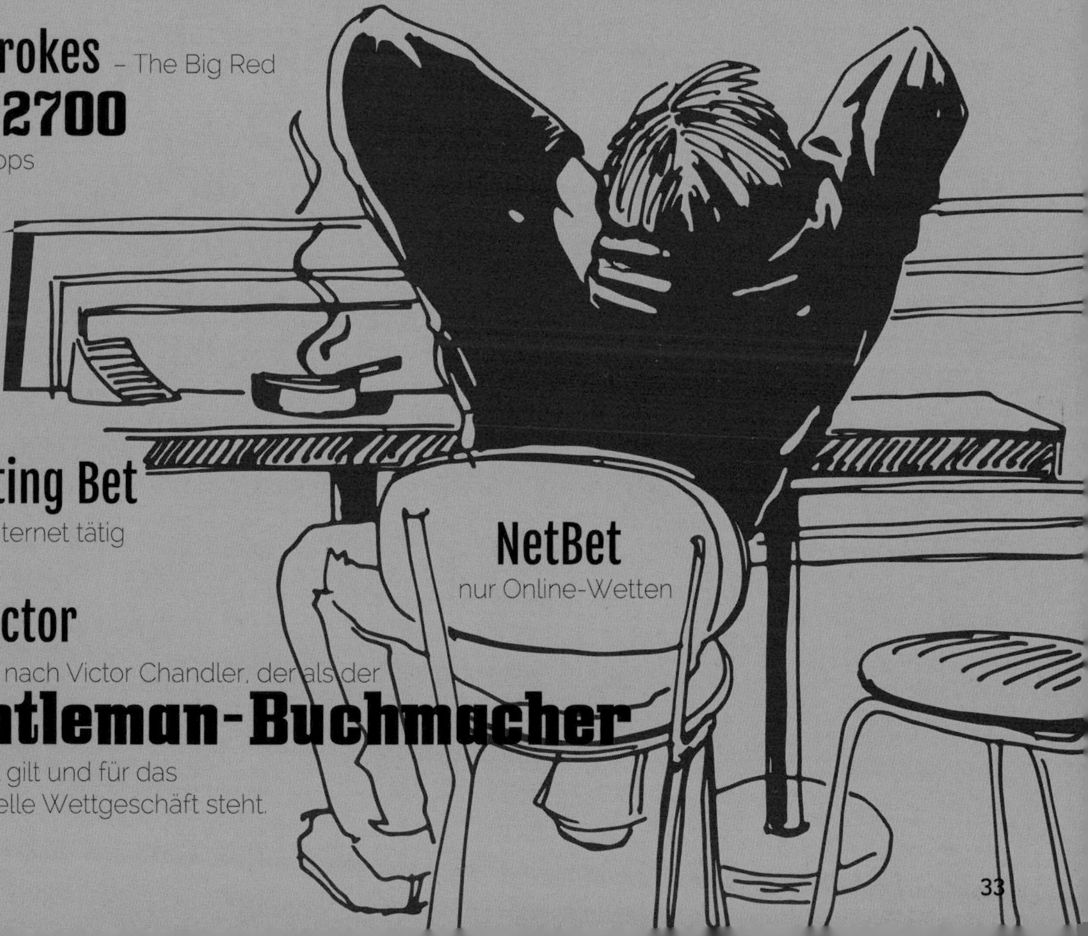

Sporting Bet

nur im Internet tätig

NetBet

nur Online-Wetten

BetVictor

benannt nach Victor Chandler, der als der

Gentleman-Buchmacher

der Insel gilt und für das traditionelle Wettgeschäft steht.

MASSEINHEITEN

Längenmaße

inch/in. (dt. Zoll)

1 inch = 2,54 cm

1 Foot/ft. (dt. Fuß)

1 ft = 12 inches = 30,48 cm

1 Yard/yd. (dt. Schritt)

1 yd = 3 feet = 91,44 cm

1 Mile/mi. od. m. (dt. Meile)

1 mi = 1760 yard = ca. 1,61 km

Flächenmaße

Square inch (dt. Quadratzoll)

1 in^2 = 0,00064516 m^2

Square foot (dt. Quadratfuß)

1 ft^2 = 144 in^2 = 0,09290304 m^2

Square yard (dt. Quadratyard)

1 yd^2 = 9 ft^2 = 1,296 in^2 = 0,83612736 m^2

Square mile (dt. Quadratmeile)

1 mi^2 = 3,097600 yd^2 = 2.589.988,11033600 m^2

Gewichte

Ounce/oz. (dt. Unze)

1/16 pound = 28,35 g

Pound/lb. (dt. Pfund)

1 pound = 453,59 g

Stone/st. (dt. Stein)

14 pound = 6,35 kg

Quarter/qtr. (dt. Viertelzentner)

2 stone = 28 pound = 12,7 kg

Flüssigkeitsmaße

Fluid Ounce/fl.oz. (dt. Flüssigunze)

1/5 gill = 2,84 cl

Glass (dt. Glas)

½ gill = 7,10 cl = 0,071033 l

Gill, Noggin/gi. (dt. Viertelpint)

¼ pint = 1,42 dl = 0,142065 l

Pint/pt. od. fl. pt. (dt. Pint)

½ quart = 5,68 dl = 0,56826 l

Quart/qt. (dt. Quart)

½ quart = 5, 68 dl = 0,56826 l

Gallon/gal. (dt. Gallone)

1 gal = 4,55 l

Tageszeiten für Mahlzeiten

Luncheon oder Lunch (Mittagessen)
11:30–14:00

Breakfast (Frühstück)
8:00–9:00

Supper: Abendessen mit der Familie
Dinner: formelles Abendessen
19:00–20:30

High Tea (Frühes Abendessen)
17:00–19:00

Afternoon Tea (Nachmittagstee)
16:00–17:00

+1:00 Stunde

Gesetzliche Standardzeit

Greenwich Mean Time (GMT)

GMT–MEZ
(Mitteleuropäische Zeit):

–1:00 Stunde

Greenwich-Meridian

Der

Nullmeridian,
von dem aus die geografische Länge nach Osten und Westen gezählt wird, wurde während der Internationalen Meridiankonferenz

1884
in die Meridianebene der Londoner Sternwarte

Greenwich
gelegt.

BOBBYS

Nach Robert Peel, dem ehemaligen Innenminister des Vereinigten Königreichs, der grundlegenden Einfluss auf das britische Polizeisystem hatte, werden

die Polizeibeamten des Vereinigten Königreiches

Bobbys

genannt.

Die typische Kopfbedeckung der Bobbys ist der aus Kork gefertigte, mit schwarzem Filz überzogene und oft mit einem Sternemblem versehene

Custodian helmet

Bobbys tragen

schwarze Uniformen

und weiße Hemden.

Sie tragen traditionell keine Schusswaffen, sondern

nur Schlagstöcke.

QUEEN'S GUARD

Bärenfellmütze

Höhe: **45,72 cm**
Gewicht: **680 g**
Federbuschen: je nach Regiment links oder rechts, rot, weiß, blau oder weiß/grün

Uniformknöpfe

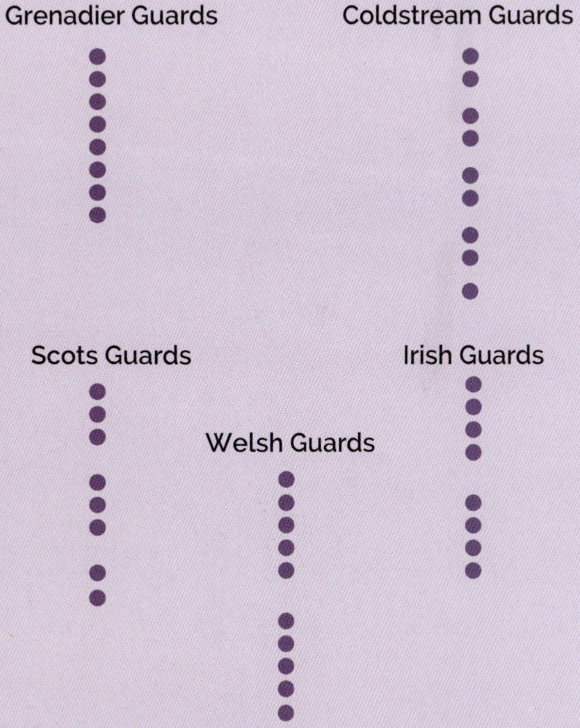

Aufgabe:

Schutz des Sovereign

DIE QUEEN

*21. April 1926, London, England

Königin Elisabeth II. ist die derzeit älteste amtierende Monarchin der Welt.

Der **Geburtstag** der Queen wird offiziell **am zweiten Samstag im Juni mit der Parade Trooping the Colour** gefeiert.

Thronbesteigung **6. Februar 1952**

Elisabeth ist mit **Prinz Philip** verheiratet.

Ihre Hochzeit fand am **20. November 1947** in der Westminster Abbey statt. Die Queen trug ein **Kleid von William Hartnell**.

Die Queen ist das

Oberhaupt der anglikanischen Kirche.

Kleid, Mantel, Hut und Tasche

trägt die Queen farblich immer perfekt abgestimmt. Eine dreireihige Perlenkette komplettiert jedes ihrer Outfits.

Prinz Philip nennt seine Frau Elisabeth liebevoll *Sausage*.

Royal Warrant of Appointment

Auszeichnung für Lieferanten des Königshauses

Die Queen führte eine neue Hunderasse ein:

den Dorgi,

eine Kreuzung aus Corgi und Dackel.

Die Lieblingshunderasse der Queen ist der

Pembroke Welsh Corgi.

Sie besaß **seit 1933 ca. 30 Corgis.**

Ihren Corgi Susan nahm sie sogar mit auf **Hochzeitsreise**.

ROYAL GARDEN PARTY

Die Queen und Prinz Philip
erscheinen
um 16 Uhr,
während die Nationalhymne
gespielt wird.

Die Royals
verlassen die Party
um 18 Uhr,
die Nationalhymne
wird wieder gespielt
und die Garden Party ist offiziell beendet.

ca. 27 000
Cups of tea

Während der
Garden Party
bewegen sich die
Royals
in sogenannten
lanes
durch die Gäste,
um jedem Gast
die Möglichkeit
zu geben,
mit ihnen
zu sprechen.

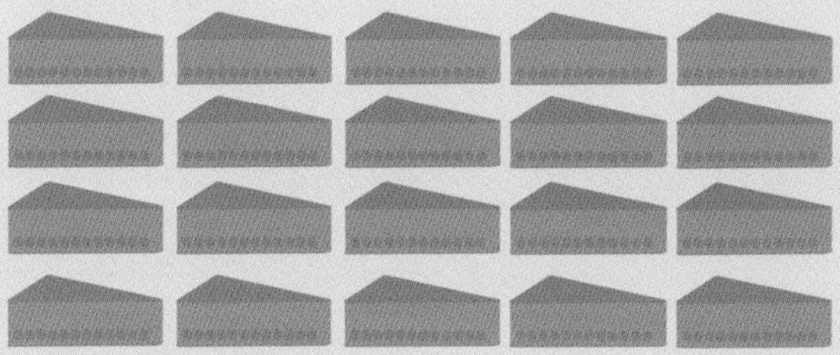

ca. 20 000
Kuchenstücke

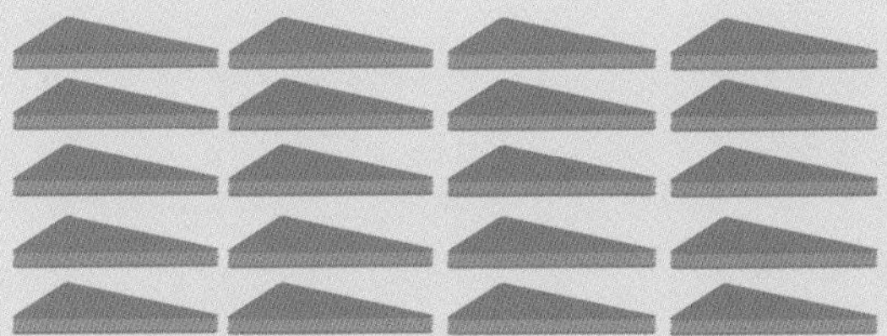

ca. 20000
Sandwiches

ca. 400
Kellner

DIE ROYALS

Diana, Princess of Wales

*1. Juli 1961 in Norfolk
† 31. August 1997 in Paris

Diana war **Medienliebling, Modeikone und unglückliche Märchenprinzessin**, die sich offen gegen das königliche Protokoll stellte.

Sie ist bekannt für ihr soziales Engagement, vor allem für ihre International Campaign to Ban Landmines.

Ihr Lieblingsdessert

war *bread and butter pudding*.

Ihre Lieblingsfarbe

war pink.

Ihre Hochzeit

mit Prince Charles am

29. Juli 1981

wurde in 74 Länder übertragen.

750 Millionen

Menschen schauten weltweit zu.

Ihre Beerdigung verfolgten

2,5 Millarden

Zuschauer am TV.

Catherine (Kate)
Duchess of Cambridge

***9. Januar 1982**
in Reading

Kinder: Prince George of Cambridge und Princess Charlotte of Cambridge

Kate trägt Lady Dianas Verlobungsring.

Er besteht aus

14 Diamanten

und einem 12-Karat-Saphir. Diana wählte ihn aus dem Katalog von Garrard, er wurde nicht extra für sie angefertigt.

William
Duke of Cambridge

***21. Juni 1982**
in London

William steht an zweiter Stelle der britischen Thronfolge. Er ist mit Kate Middleton verheiratet.

Charles
Prince of Wales

***14. November 1948**
in London

Chalres heiratete seine Jugendliebe Camilla nach Dianas Tod.

Camilla
Duchess of Cornwall

***17. Juli 1947**
in London

Queen Elizabeth
Queen Mother

***4. August 1900 in London**
† 30. März 2002 in Windsor

Die Queen Mother absolvierte noch mit 90 Jahren über

160 öffentliche Auftritte im Jahr.

WO DIE QUEEN WOHNT

Balmoral Castle

Erbaut im

14. Jh.

Queen Victoria

mietete Balmoral Castle 1848. Prince Albert kaufte es schließlich. Balmoral Castle ist die **Sommerresidenz** der Queen – sie hält sich hier von **August bis Oktober** auf.

Palace of Holyroodhouse

Offizielle Residenz der Queen in Schottland

Mary Stuart

heiratete

2-mal in

Holyroodhouse. Die **Gäste der Queen** werden hier empfangen.

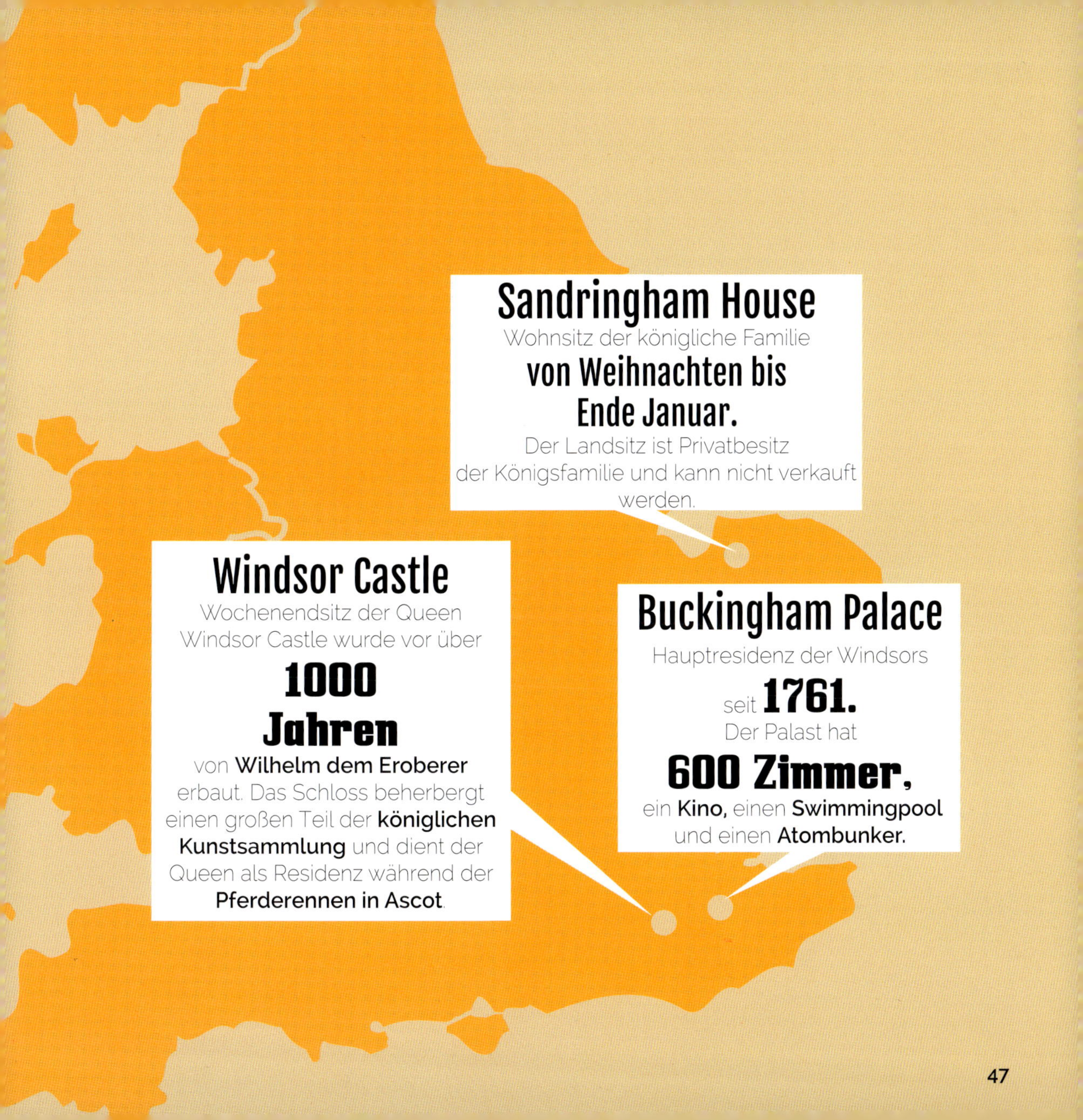

Sandringham House

Wohnsitz der königliche Familie

von Weihnachten bis Ende Januar.

Der Landsitz ist Privatbesitz der Königsfamilie und kann nicht verkauft werden.

Windsor Castle

Wochenendsitz der Queen

Windsor Castle wurde vor über

1000 Jahren

von **Wilhelm dem Eroberer** erbaut. Das Schloss beherbergt einen großen Teil der **königlichen Kunstsammlung** und dient der Queen als Residenz während der **Pferderennen in Ascot**.

Buckingham Palace

Hauptresidenz der Windsors

seit **1761.**

Der Palast hat

600 Zimmer,

ein **Kino,** einen **Swimmingpool** und einen **Atombunker.**

BIG BEN

Der Glockenschlag des Big Ben wird
The Voice of Britain
genannt.

Big Ben ist die schwerste der fünf Glocken des Uhrturmes am Palace of Westminster.

Auch die Uhr und der Uhrturm werden oft Big Ben genannt. Anlässlich des diamantenen Thronjubiläums von Königin Elisabeth II. heißt der Uhrturm seit 2012 offiziell **Elizabeth Tower**.

Bis 1880

wurde der **Uhrturm** als Gefängnis für straffällige Mitglieder der Parlamentskammern genutzt.

Uhrwerk

1848 vom Uhrmacher Edward John Dent hergestellt.

Stundenzeiger

2,74 m

Vier Ziffernblätter

Durchmesser je

7 m

Minutenzeiger

4,3 m

TURMSPITZE

Höhe: 96 m

aus Kalkstein, Spitze aus Gusseisen

Augustus Pugin

entwarf den Turm.

Inschrift:

Domine salvam fac reginam nostram Victoriam primam

Gott schütze unsere Königin Victoria I.

Die Uhr ist in **146 Jahren** nur **4-mal** stehen geblieben.

STONEHENGE

Stonehenge befindet sich in der

Ebene von Salisbury,

Wiltshire, Süd-England.

Stonehenge wurde in der

Jungsteinzeit

errichtet und bis in die

Bronzezeit

verwendet.

Stonehenge besteht aus 4 konzentrischen Steinkreisen.

In der Mitte befindet sich der **Altarstein.**

Es gibt verschiedene Theorien, was Stonehenge war:

Ein Kalender?

Ein Versammlungsort für religiöse Zeremonien?

Eine astronomische Beobachtungsstätte?

SKARA BRAE

Skara Brae ist Fundort zahlreicher Artefakte wie

Werkzeuge, Perlen und Töpferware.

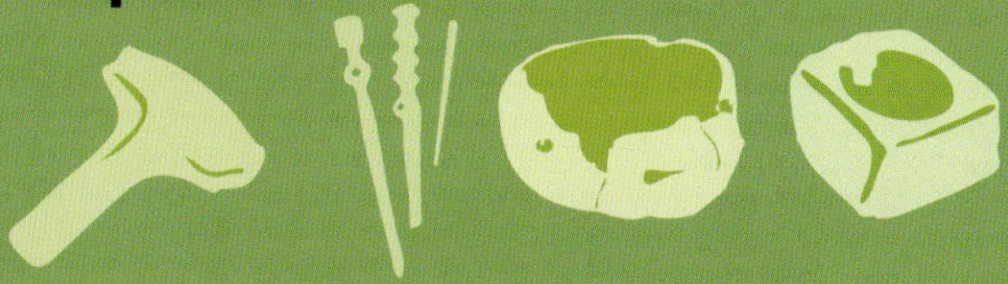

Skara Brae ist eine jungsteinzeitliche Siedlung auf den

Orkney-Inseln,

die von **3200–2500 v. Chr.** bewohnt war.

Skara Brae ist die am besten erhaltene jungsteinzeitliche Siedlung Europas und besteht aus

8 Wohnhäusern

und einer Werkstatt, in der

Carved Stone Balls

gefertigt wurden – aufwändig gestaltete Steinkugeln, von denen man annimmt, dass sie als Statussymbole begehrt waren.

KATHEDRALEN

1 WINCHESTER CATHEDRAL

Bauzeit: zwischen

1079 und 1093

Baustil: Gotik

Die Winchester Cathedral hat mit

168 m

das längste Kirchenschiff Europas.

Jane Austen ist hier begraben.

2 SALISBURY CATHEDRAL

Bauzeit: zwischen

1220 und 1258

Baustil: frühe englische Gotik.

Hier befinden sich der mit

123 m

höchste Kirchturm Großbritanniens

und die **älteste noch funktionierende Kirchturmuhr der Welt** (seit 1386 in Betrieb).

3 YORK MINSTER

Bauzeit: 250 Jahre, Fertigstellung im Jahr

1472

Baustil: Gotik

Das **Great West Window** ist mit einer

Höhe von 23 m

das größte mittelalterliche Buntglasfenster der Welt.

4 ST. PAUL'S CATHEDRAL

Bauzeit: zwischen

1666 und 1708

Baustil: klassizistischer Barock

Architekt: Christopher Wren

Whispering Gallery

Durch die Kuppelkrümmung sind geflüsterte Worte auf der gegenüberliegenden Seite zu hören.

Grabstätten: Sir Alexander Fleming, Admiral Lord Nelson, William Turner, Sir Christopher Wren

Wichtige Zeremonien: Begräbnis von Lord Nelson, goldenes Thronjubiläum von Elisabeth II., Hochzeit von Prince Charles und Lady Diana

5 CANTERBURY CATHEDRAL

Bauzeit: 597 erbaut, komplett erneuert von

1070 bis 1077

Baustil: Gotik

Das Grab des 1170 in der Kathedrale ermordeten

Thomas Becket

befindet sich in der Corona (auch Becket's Crown genannt).

6 WESTMINSTER ABBEY

Bauzeit: zwischen

1045 und 1065

Baustil: omanischer/gotischer Stil

Westminster Abbey ist der **traditionelle Krönungs- und Beisetzungsort der Könige** von England.

Außerdem befinden sich hier die **Grabstätten von** Charles Darwin, Charles Dickens, Georg Friedrich Händel, Isaac Newton und Rudyard Kipling.

TOWER OF LONDON

Der Tower wurde

1066 erbaut

und ist als Gefängnis und Hinrichtungsstätte bekannt.

Hinrichtungen

1536: Anne Boleyn
1541: Margaret Pole, Countess of Salisbury
1542: Jane Boleyn
1553: Lady Jane Grey

Ceremony of Keys

Seit mehr als

700 Jahren

wird der Tower jede Nacht um exakt **21:53 Uhr verschlossen**.

Sechs Raben

müssen im Tower sein – wenn die Raben den Tower verlassen, wird das Königreich fallen, daher werden ihnen die Flugfedern gestutzt.

Berühmte Gefangene

Guy Fawkes
Sir Walter Raleigh

Viele der Hingerichteten und Gefangenen sollen

bis heute als Geister ihr Unwesen im Tower treiben.

TOWER BRIDGE

Eröffnung: 1894

Bauzeit: 1886–1894

Die Tower Bridge ist eine

Klappbrücke

im neugotischen Stil
über die Themse.
Sie wurde nach dem
Tower of London benannt.

Für den Bau der Brücke wurden

31 000 000 Backsteine

und

2 000 000 Nietenbolzen

verwendet.

Für den Anstrich benötigte man

22 000 Liter Farbe.

DAS ENGLISCHE HAUS

Reihenhäuser
Terraced Houses

Diese viktorianischen Reihenhäuser aus Backstein wurden zwischen

1850 und 1900

vor allem in den Industriegebieten Englands erbaut.

An Englishman's home is his castle

Etwa

80% der Briten

wohnen in Häusern, nur

20% in Wohnungen,

zwei Drittel sind Eigentümer, nur ein Drittel wohnt zur Miete.

Town Houses

nennt man die nach dem Zweiten Weltkrieg erbauten Reihenhäuser der städtischen Oberschicht.

Heute:

Backstein-Reihenhäuser

sind noch immer weit verbreitet. Meist haben sie einen sehr gepflegten **kleinen Vorgarten (*loan*)** und einen **größeren Garten hinter dem Haus (*garden*)**.

Die

Briefkästen

befinden sich meist direkt an der Straße.

ENGLISCHE LANDSCHAFTSGÄRTEN

Englische Landschaftsgärten wurden seit dem frühen

18. Jahrhundert

als Kontrast zum französischen Barockgarten entwickelt.

Merkmale: kaum blühende Pflanzen, die Natur dominiert, Seen oder gewundene Bäche, weite Grünflächen Baumgruppen, Nachbildung antiker Tempel oder gotischer Ruinen, Teahouses und Pavillons

Vorbilder für Gartenarchitekten:

Claude Lorrain
französischer Landschaftsmaler

Nicolas Poussin
französischer Barockmaler

Gaspard Poussin (Dughet)
italienischer Landschaftsmaler

Sissinghurst White Garden

Der Garten ist heute im Besitz des **National Trust** und hat jährlich mehr als

160 000 zahlende Besucher.

Der Garten ist dem Entwurf von Lawrence Johnston für Hidcote Manor nachempfunden.

Ha-Ha

Ha-Has sind unsichtbare Gräben, die die Landwirtschaft vom Garten trennen. Sie wurden erstmals von Charles Bridgeman verwendet.

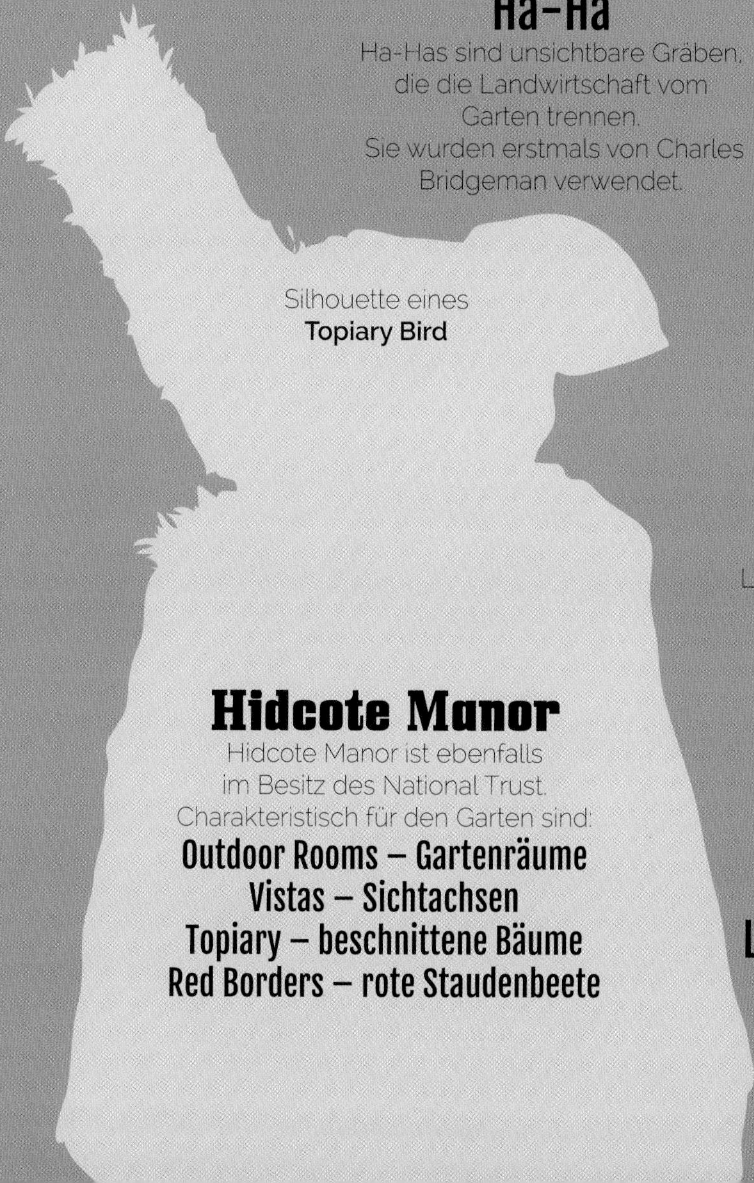

Silhouette eines **Topiary Bird**

Hidcote Manor

Hidcote Manor ist ebenfalls im Besitz des National Trust. Charakteristisch für den Garten sind:

Outdoor Rooms – Gartenräume
Vistas – Sichtachsen
Topiary – beschnittene Bäume
Red Borders – rote Staudenbeete

William Kent

*** 1685 in Bridlington**
† 12. April 1748 in London

Landschaftsmaler, Architekt und Gartenarchitekt

Gestaltete

Royal Mews

Chiswick House

Burlington House

Landschaftgärten von Rousham, Stowe und Claremont

DESIGN UND ARCHITEKTUR

Chesterfield-Sitzmöbel

haben ihren Ursprung in englischen Clubs.

Merkmale:

Besondere Lederverarbeitung

Strapazierfähiges Rindsleder

Dekorative Knöpfe

Zaha Hadid

*** 31. Oktober 1950 in Bagdad, englische Staatsbürgerin**

† 31. März 2016 in Miami, Florida

Hadid war die erste Frau, die die **Royal Gold Medal for Architecture** erhielt.

Sie entwarf zum Beispiel das **London Aquatics Centre für die Olympischen Sommerspiele 2012.**

Sie entwarf außerdem **Schuhe** (United Nude) und die **Sofa-Kombination Moon System** (2007).

Polypropylene Chair

Entworfen von

Robin Day

Stapelbare Stühle
Mehr als 10 Millionen verkaufte Exemplare

Norman Foster

*** 1. Juni 1935 in Manchester**

Bauwerke:

The Gherkin 2003 in London

Carré d'Art 1985-1993 in Nîmes

Millennium Bridge 2000 in London

Anglepoise Lamp

Entworfen von

George Carwardine

Durch drei Federn ist die Anglepoise schwenkbar wie der menschliche Arm.

Die **Cover der**

Penguin Books

wurden von

Edward Preston Young

entworfen.

Terence Conran

*** 4. Oktober 1931 in Kingston upon Thames**

Seine Ladenkette heißt Habitat.

Er arbeitete ausschließlich mit **FSC-zertifiziertem Holz.**

Conran richtete zahlreiche Restaurants und Hotels ein, darunter das **Pariser Alcazar**, und gestaltete das **Michelin House** in London neu.

HOTELS MIT GESCHICHTE

The Randolph Oxford

Eröffnet

1866

Architekt William Wilkinson
Victorianische Gotik
Ist nach **Lord Randolph Churchill** benannt.
Inspector Morse kehrt hier gern ein.

The Savoy London

1889

eröffnet von

Richard D'Oyly Carte,

dem auch das Savoy Theater gehörte.
Der erste Manager war

Charles Ritz,

der dann das Ritz erbaute.
Pfirsich Melba wurde hier für die Sängerin Nelly Melba kreiert.

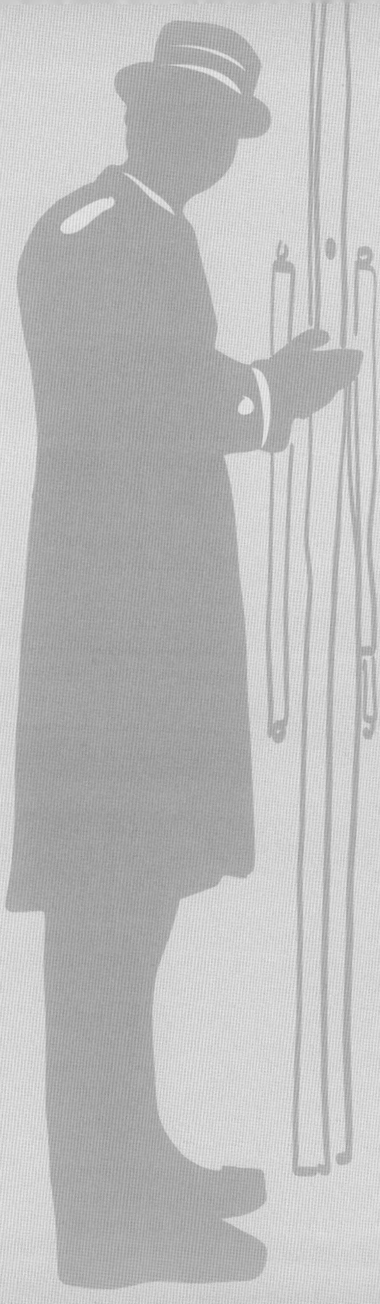

The Ritz London

1903

eröffnet vom

Schweizer César Ritz,
Architekt Charles Mewès,

der auch das Pariser Ritz erbaute,

und Arthur Davies.

Erstes Hotel, in dem **jedes Zimmer ein Bad** hatte.

Auguste Escoffier

war Küchenchef.

Hyde Park Hotel London

Hieß ursprünglich **Coburg Court Hotel**

Eröffnet

1907

von Delissa Joseph.

Schauplatz von **Hitchcocks *Frenzy*.**

MADAME TUSSAUDS

Marie Tussaud

eigentlich **Anna Maria Grosholtz**
*** 1., 7. oder 12. Dezember 1761**
in Straßburg
† 16. April 1850 in London
Marie Tussaud war eine französische Wachsbildnerin und **Gründerin des berühmten Wachsfigurenkabinetts in London**.

Sie lernte beim Schweizer Arzt

Dr. Philipp Curtius,

der für Unterrichtszwecke menschliche Organe aus Wachs modellierte.

Um 1780

ging Curtius nach Paris und begann mit dem Aufbau eines **Wachsfigurenkabinetts.**

1835

eröffnete Marie Tussaud ein Museum mit der von Philipp Curtius geerbten Wachsfigurensammlung, die sie mit eigenen Figuren bereicherte.

Das **erste Modell in Lebensgröße,** das Marie Tussaud noch in Paris fertigte, stellte **Voltaire** dar.

Heute gibt es auf der ganzen Welt Niederlassungen von Madame Tussauds.

WILHELM DER EROBERER

William the Conqueror

Guillaume le Conquérant

*** 1027/1028 in Falaise**
† 9. September 1087 in Rouen
Wilhelm der Eroberer war der
Letzte, der Großbritannien erfolgreich erobert hat.

1066

besiegte er in der
Schlacht bei Hastings
die Truppen des regierenden Königs Harold Godwinson.

Die Engländer nannten ihn

William the Bastard.

25. Dezember 1066

Wilhelm I.

wird in der Westminster Abbey zum König gekrönt.

Tapisserie de la Reine Mathilde in Bayeux:

70 m lange Stickarbeit,

die die Eroberung Englands darstellt.

Wilhelm I.

war für seine Zeit mit 1,75 m

sehr groß.

Doomesday Book:

Wilhelm I. führte das erste Grundbuch in lateinischer Sprache ein. Durch die Eintragung in das Buch wurde Grundbesitz gültig.
Es entstand nach

1085

und diente auch zur Abgabenerhebung.

Sein Grab befindet sich in Caen,

in der Abteikirche Saint-Etienne.

MAGNA CHARTA

eigentlich: *Magna Carta Libertatum* – die große Urkunde der Freiheiten

Die Magna Charta wurde
1215
von König Johann Ohneland
zu Runnymede unterschrieben.

Sie ist die wichtigste Quelle des **englischen Verfassungsrechts** und regelte die **politische Freiheit des Adels gegenüber dem König**.

Die Magna Charta besteht aus

63 Artikeln.

Auf der

Magna Charta

fußt das heute gültige

Rule of Law,

das die Rechte und die Bildung des Parlaments beschreibt. Außerdem schreibt sie die Unabhängigkeit der Kirche von der Krone fest.

Sie gilt als eines der **wichtigsten rechtlichen Dokumente** im Hinblick auf **die Entwicklung** der modernen

Demokratie.

Vier Abschriften

sind erhalten.
Sotheby's versteigerte 2007 eine Abschrift

für ca. 21 Millionen US-Dollar.

KÖNIG ARTUS

König Artus ist eine Sagengestalt, die in den Mythen um **Merlin** und den **Heiligen Gral** vorkommt.

Der Sage nach errichtete

Merlin,

sein Erzieher und Berater,

Stonehenge.

Druiden

vom Keltischen *druwids – dru* = **Eiche,** *weid* = **ich erblickte**

Druiden wie Merlin waren Mediziner und vollzogen mystische Rituale, z. B. das **Mistelschneiden mit einer goldenen Sichel**.

Artussage

Die Thronfolge ist ungewiss, so schmiedet Merlin das Schwert

Excalibur.

Er treibt das Schwert in einen Felsbrocken – **herausziehen kann es nur der künftige König.** Artus gelingt es und er wird zum Hochkönig Britanniens ernannt.

Artus heiratet Guinevere,

die Tochter von König Leodegrance.

Ihr Hochzeitsgeschenk an ihn ist

ein riesiger runder Tisch,

um den sich in der Folge
seine Ritter versammeln,

die Ritter der Tafelrunde.

In Winchester Castle
befindet sich ein Tisch,
von dem es heißt, er sei der
Tisch der legendären Tafelrunde.

Guinevere

verliebt sich in

Lancelot,

einen Ritter der
Tafelrunde, der ebenfalls in
den Grals-Mythen auftaucht.

Das Epos

Tristan und Isolde

verwendet dasselbe Motiv.

Arthur wird **im Kampf**
gegen seinen

Neffen Mordred,

der die Vasallenkönige Britanniens zum Aufstand gegen den König angestiftet hatte, tödlich verwundet und auf die geheimnisvolle

Insel Avalon

entrückt.

HEINRICH VIII.
und seine Frauen

* 28. Juni 1491 in Greenwich
† 28. Januar 1547 London

Er war König von
1509 bis 1547.
Heinrich ist der Begründer der
anglikanischen Staatskirche
und trennte sich von Rom.

1509
heiratete er die Witwe seines Bruders
Katharina von Aragonien.
Tochter: Mary I.

Heinrich VIII.
sprach **mehrere Sprachen** und stand im Kontakt mit Humanisten wie
Erasmus von Rotterdam.

Merkspruch und Abzählreim:

Divorced, Beheaded, Died, Divorced, Beheaded, Survived.

Geschieden, geköpft, gestorben, geschieden, geköpft, überlebt.

1533 heiratete er trotz noch bestehender Ehe mit Katharina und ohne Zustimmung des Papstes

Anne Boleyn. **Lordkanzler Thomas Morus** legte sein Amt nieder und der Erzbischof von Canterbury erklärte die Ehe für ungültig, was **zur Loslösung von Rom** führte.
Tochter: Elisabeth I.

Anne Boleyn wurde nach mehreren Fehlgeburten des Ehebruchs beschuldigt

und **hingerichtet.**

1537 heiratete er **Jane Seymour,** die nach der Geburt eines Sohnes **starb.**

Anfang **1540** heiratete er

Anna von Kleve. Die Ehe wurde einige Monate später annulliert – Anna **überlebte** Heinrich VIII. um 10 Jahre.

Noch im

Juli 1540 heiratete er

Catherine Howard. Sie wurde wegen Ehebruchs angeklagt und im

Februar 1542 enthauptet.

Seine **letzte Ehe** ging er

1543 mit Catherine Parr ein. Sie **überlebte** Heinrich VIII. um eineinhalb Jahre.

THOMAS MORUS

eigentlich Thomas More

* wahrscheinlich am 7. Februar 1478 in London
† 6. Juli 1535 in London

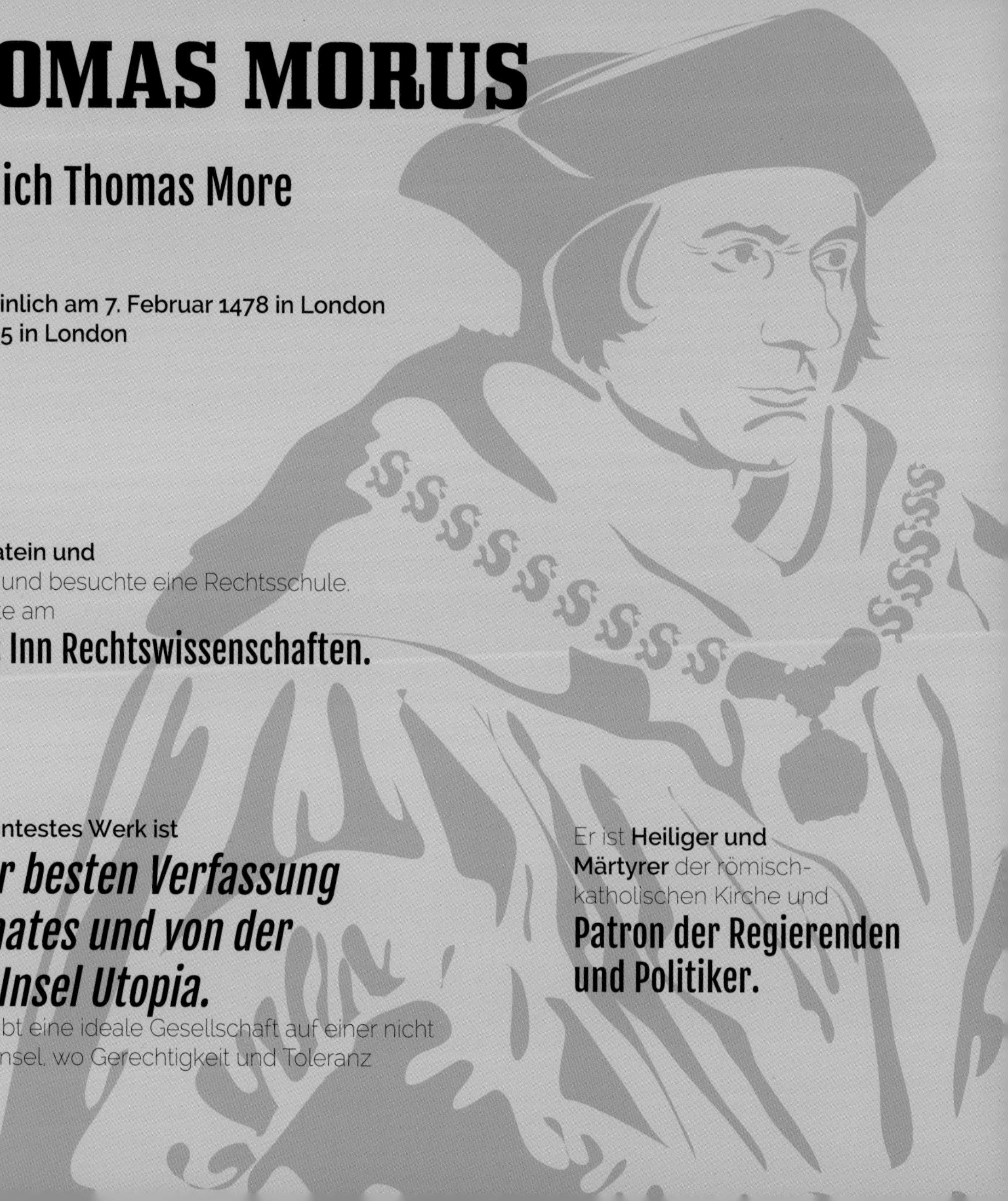

Morus

studierte **Latein und Griechisch** und besuchte eine Rechtsschule. Später lehrte am

Lincoln's Inn Rechtswissenschaften.

Sein bekanntestes Werk ist

Von der besten Verfassung des Staates und von der neuen Insel Utopia.

Es beschreibt eine ideale Gesellschaft auf einer nicht existenten Insel, wo Gerechtigkeit und Toleranz herrschen.

Er ist **Heiliger und Märtyrer** der römisch-katholischen Kirche und

Patron der Regierenden und Politiker.

Morus war ein **Luther-Gegner** und schrieb für **Heinrich VIII.** einen Text, der diesem den Titel

Defensor Fidei

(Verteidiger des Glaubens) eintrug.

1529 wurde er zum **Lordkanzler** ernannt, **trat** aber aus **Treue dem Papst** und der katholischen Kirche gegenüber

1532

zurück.

Als er den

Suprematseid

bezüglich der **Legitimität aller Kinder Heinrichs VIII.** verweigerte, wurde er im Tower inhaftiert und

zum Tode verurteilt.

Er wurde im

Juli 1535,

auf dem Schafott am Tower Hill

hingerichtet.

Sein Kopf wurde auf der Tower Bridge zur Schau gestellt.

KÖNIGIN ELISABETH I.

Spitznamen: The Maiden Queen, Gloriana, The Virgin Queen, Good Queen Bess

* 7. September 1533 in Greenwich
† 24. März 1603 in Richmond

Elisabeth herrschte von

1559 bis 1603.

Ihre Regierungszeit ist heute als Elisabethanisches Zeitalter bekannt.

Zeitgenossen:

William Shakespeare, Christopher Marlow, Ben Jonson, Francis Bacon, Francis Drake, Walter Raleigh

Die **erste Kolonie** in Amerika wurde zu ihren Ehren **Virginia** genannt.

Sie wurde von ihrer Schwester **Maria** im Tower eingesperrt. Der Weg zwischen Bell Tower und Beauchamp Tower heißt heute noch

Elisabeth's Walk.

Elisabeth I. ließ **Maria Stuart** am

8. Februar 1587

hinrichten.

Sarah Bernhardt, Bette Davis, Jean Simmons, Zarah Leander, Katherine Hepburn, Vanessa Redgrave, Helen Mirren und Cate Blanchett verkörperten Elisabeth in Filmen.

KÖNIGIN VICTORIA

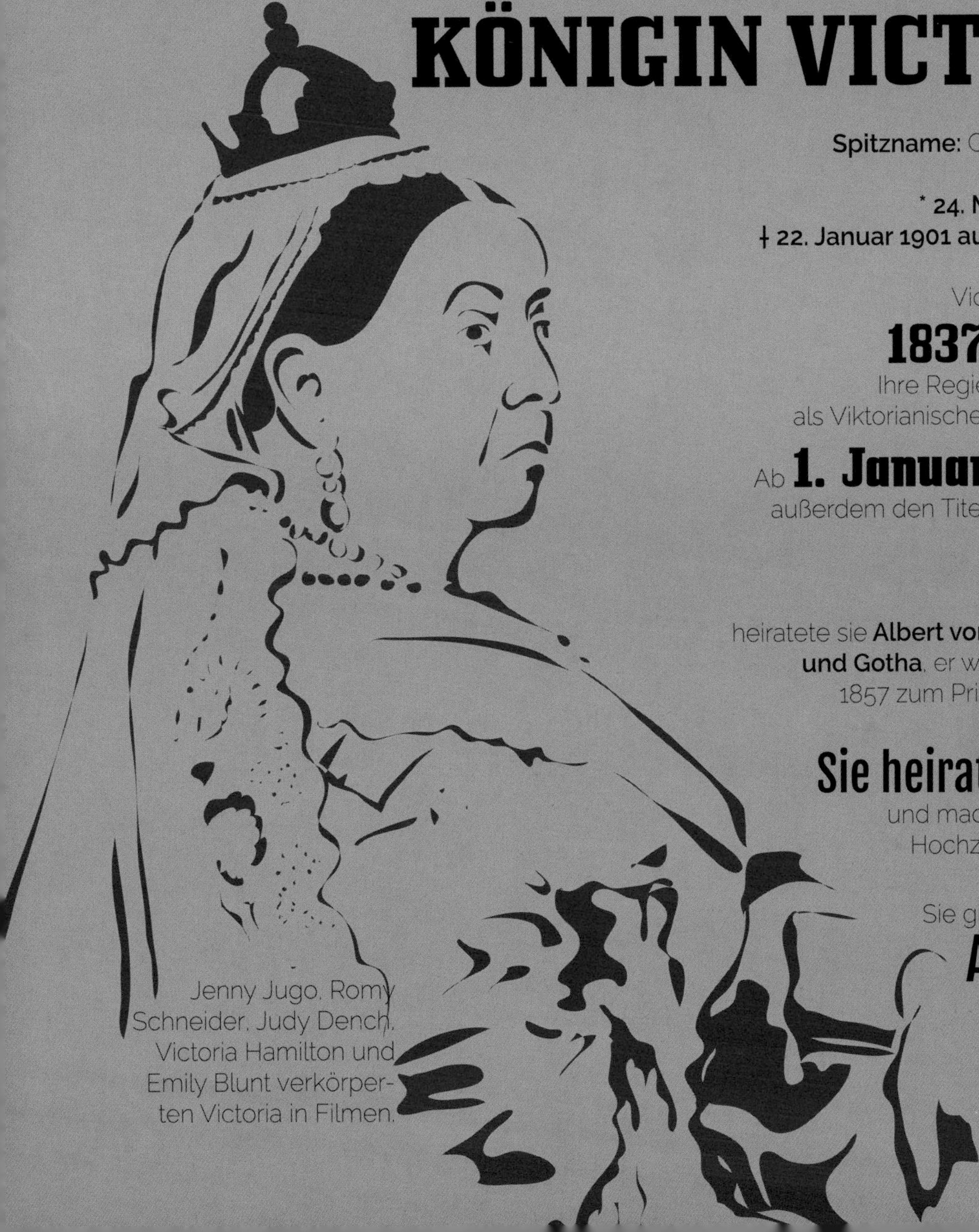

Spitzname: Großmutter Europas

* 24. Mai 1819 in London
† 22. Januar 1901 auf der Isle of Wight

Victoria herrschte von

1837 bis 1901.

Ihre Regierungszeit ist heute als Viktorianisches Zeitalter bekannt.

Ab **1. Januar 1877** trug sie außerdem den Titel **Empress of India.**

1840

heiratete sie **Albert von Sachsen-Coburg und Gotha**, er wurde allerdings erst 1857 zum Prinzgemahl erhoben.

Sie heiratete in Weiß

und machte diese Farbe für Hochzeitskleider populär..

Sie gilt als Vorbild für die

Anästhesie

bei Geburten – sie ließ sich mit Chloroform betäuben.

Jenny Jugo, Romy Schneider, Judy Dench, Victoria Hamilton und Emily Blunt verkörperten Victoria in Filmen.

KRIEGE MIT FOLGEN

War of Roses

Auseinandersetzungen zwischen den Häusern

York und Lancaster

1455–1485:

Beide Häuser beanspruchten die Königswürde für sich.

Weiße Rose: Symbol des **Hauses York**

Rote Rose: Symbol des **Hauses Lancaster**

Heute ist das Synonym für Scheidungsauseinandersetzungen der

Rosenkrieg.

Kampf gegen die spanische Armada

Philipp II. von Spanien rüstete im 16. Jahrhundert eine Kriegsflotte – die Armada – , um England anzugreifen.

1588 besiegte **Francis Drake** auf der Revenge und mit einer Flotte von **34 Schiffen** die spanische Armada und versenkte die Nuestra Señora, das Flaggschiff des spanischen Admirals.

Heute ist

Armada

ein Synonym für eine große Menge.

Napoleonische Kriege

Arthur Wellesley,
der 1. Duke of Wellington, war der britische Heerführer in der napoleonischen Zeit.
Er besiegte
Napoleon
in der Schlacht von
Waterloo am 18. Juni 1815.

Filet Wellington

Nach dem Duke wurde das Rinderfilet im Blätterteigmantel benannt.

Die Gummistiefel

heißen in Großbritannien
Wellingtons.
Sie sind den damaligen Militärstiefeln nachempfunden.

GEORGE BRYAN BRUMMELL

* 7. Juni 1778 in London
† 30. März 1840 in Caen, Frankreich

Spitzname:

Beau Brummell

Er studierte in

Eton und Oxford

und trat dann als rangjüngster Offizier in ein Kavallerieregiment ein.

Dort befreundete er sich mit dem

Prince of Wales,

dem späteren

König George IV.

Nachdem er beim Prince of Wales in Ungnade gefallen war, starb verarmt in Caen.

Brummell

war einer der ersten Dandys
und galt in seiner Zeit als Stil-Ikone.

Er brauchte mehrere Stunden, um sich anzuziehen, ließ seine Stiefel mit Champagner polieren und machte den modernen Herrenanzug salonfähig.

Außerdem er erfand den **gestärkten Hemdkragen,** trug gern kunstvoll drapierte **Halstücher** und machte die Krawatte bekannt.

In dieser Zeit wurden von **John Nash** unter anderem die **Regent Street, der Trafalgar Square und der Royal Pavillion in Brighton erbaut** bzw. umgestaltet – alle im **Regency-Stil.**

SIR FRANCIS DRAKE

* um 1540 in Tavistock, Devon
† 28. Januar 1596 bei Portobelo, Panama

Freibeuter, Entdecker und erster englischer Weltumsegler

Sir-Francis-Drake-Kanal
Wasserstraße zwischen den Britischen Jungferninseln

Queen Elisabeth I. erließ wegen des spanischen Embargos **Kaperbriefe,** die es erlaubten, **spanische Schiffe** zu entern.

Drake begleitete Kapitän **James Lovell** als Offizier zu den Kapverdischen Inseln und sammelte erste Erfahrungen in Seeschlachten gegen spanische Schiffe.

Errol Flyn und Rod Taylor verkörperten Francis Drake in Filmen.

The Famous Voyage

die erste Weltumsegelung unter Führung eines Engländers

1577-1580

Mit seinem Schiff **Pelican,** das er später in **Golden Hinde** umbenannte, durchquerte er in

1018 Tagen

den Atlantischen, den Pazifischen und den Indischen Ozean.

Drakestraße

Wasserstraße zwischen Kap Hoorn und der Antarktis

MARIA I. TUDOR

* 18. Februar 1516 in Greenwich
† 17. November 1558 in London

Maria I. Tudor

Spitznamen: Bloody Mary (Maria die Blutige), Maria die Katholische

Königin Maria I. Tudor regierte

1553–1558.

Sie war die Tochter von **Heinrich VIII. und Katharina von Aragonien** und galt nach der Annullierung der Ehe ihrer Mutter

als Bastard.

Victor Hugo

schrieb ein Theaterstück über ihr Leben:

Mary Tudor

Sie war die
erste Königin,
die nicht vom Papst eingesetzt wurde.

Als erste Königin aus eigenem Recht erhielt sie wie männliche Monarchen bei der Krönung

Schwert, Sporen und die Zepter sowohl des Königs als auch der Königin.

Sie versuchte, den
Katholizismus
wieder als
Staatsreligion
zu etablieren.

Während ihrer Regierungszeit wurden Hunderte von **Protestanten hingerichtet.**

Nach Maria I. Tudor galt der Katholizismus im Vereinigten Königreich als Zeichen der Fremdherrschaft.
Ihr besonders schlechter Ruf kann auf die **protestantische Propaganda** zurückgeführt werden, die vor allem
von John Foxe
betrieben wurde.

Bloody Mary

Der Longdrink aus **Tomatensaft, Wodka, Worcestershiresauce, Pfeffer und Salz** wurde nach Maria I. Tudor benannt und wahrscheinlich in Harry's New York Bar in Paris Anfang der 1920er-Jahre zum ersten Mal gemixt. Er wird mit einer Selleriestange serviert.
Ohne Alkohol: Virgin Mary

ROBIN HOOD

Fiktiver Held, der die Reichen beraubt und den Armen gibt

Spitzname:

König der Diebe

Der **Gest of Robin Hood** ist die längste Quelle zu Robin Hood.

Robin Hood wurde in der Darstellung immer mehr zum Helden, **erst in späteren Quellen** taucht auch **Richard Löwenherz** auf.

Robin Hood war ein begnadeter Bogenschießer:

Er schoss im Sterben einen Pfeil ab, um die Stelle zu markieren, an der er begraben werden sollte.

Das Rat Pack,

Frank Sinatra, Dean Martin, Sammy Davis Jr. und Bing Crosby persiflierten den Stoff in

Robin and the 7 Hoods.

Douglas Fairbanks, Errol Flynn, Sean Connery, Kevin Costner und John Cleese,

verkörperten Robin Hood in Filmen.

Merry Men

die Gefährten
Robin Hoods

Little John

Will Scarlet

Bruder Tuck

Robin Hood und die Merry Men leben im
Wald von Sherwood Forest.

Maid Marian

Robin Hoods Geliebte

Olivia de Havilland, Audrey Hepburn, Uma Thurman und Cate Blanchett
verkörperten die
Lady Marian in Filmen.

Robin-Hood-Schuss

Treffer beim Darts,
der einen steckenden
Pfeil aufspießt

OLIVER CROMWELL

* 25. April 1599 in Huntingdon
† 3. September 1658 in Westminster

Cromwell lernte während seines **Studiums in Cambridge** den

Puritanismus

kennen.

Er stellte sich mit

John Pym

gegen

König Karl I.

Seine hauptsächlich aus gläubigen Puritanern bestehenden

Truppen,
die Ironsides

(die Eisenharten), errangen den Sieg gegen die Royals und der König wurde am

30. Januar 1649

hingerichtet.

Cromwell regierte

daraufhin das

Commonwealth of England

und trug ab

1653

den Titel

Lordprotektor von England, Schottland und Irland

während der einzigen und nur kurzen

republikanischen Phase

des Vereinigten Königreiches.

Er lehnte die Königswürde mehrmals ab.

Cromwells Leichnam
wurde unter
Karl II. exhumiert
und als
Königsmörder
symbolisch hingerichtet –
sein Kopf wurde bei
Westminster Hall ausgestellt.

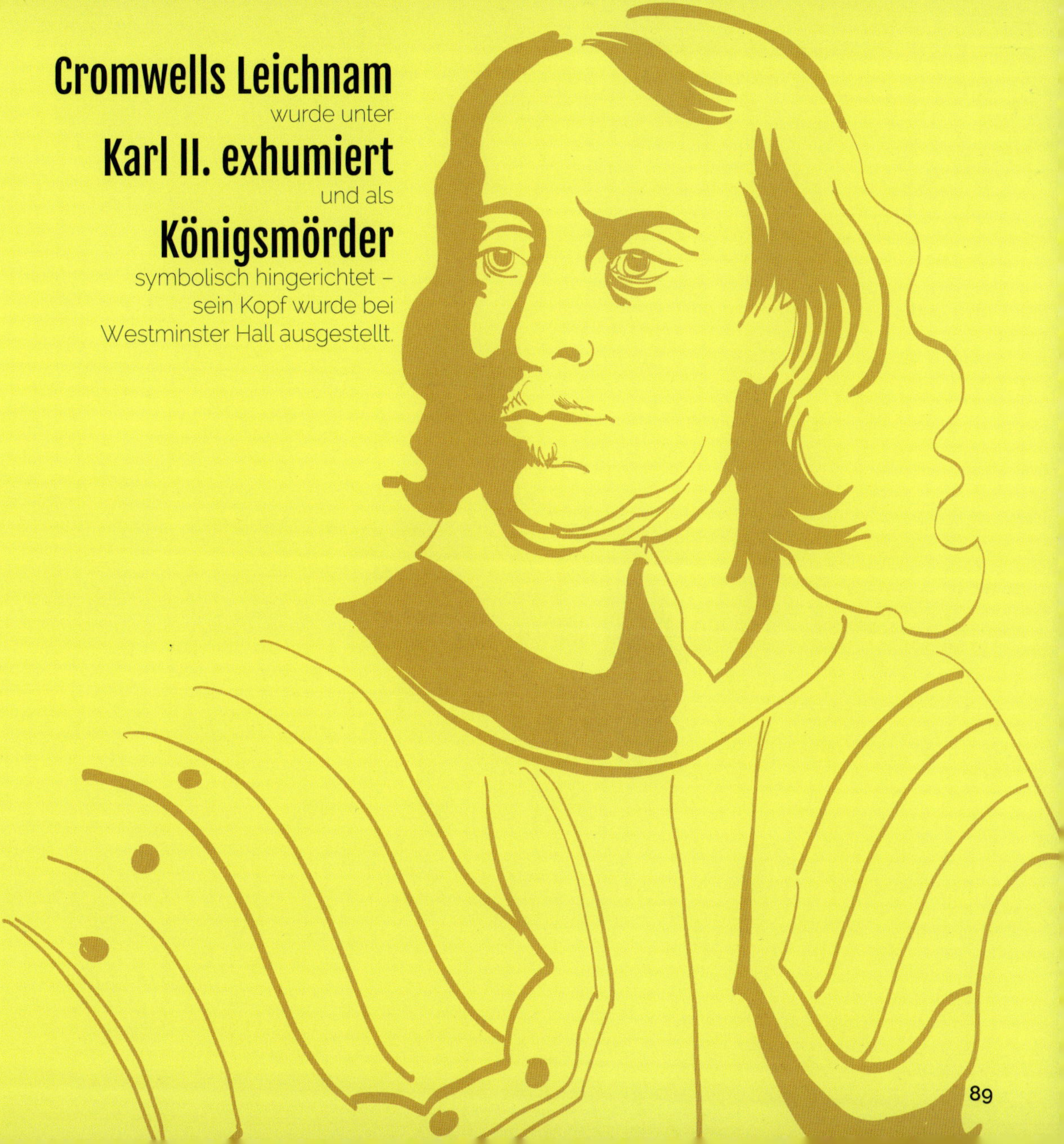

MEISTBESUCHTE MUSEEN

1 British Museum

6,82 Mio.

Eröffnung:
1759

Das Museum beherbergt etwa
8 Millionen
Objekte, die die gesamte Menschheitsgeschichte dokumentieren.

Berühmte Werke:
Stein von Rosetta
Elgin Marbles
Lindow-Mann
Kyros-Zylinder

2 National Gallery

5,91 Mio.

Eröffnung:
1824

Die National Gallery ist eine der bedeutendsten Gemäldegalerien der Welt mit rund **2300 Werken** (13. bis 19. Jahrhundert).

Berühmte Werke:
Venus und Mars **(Botticelli),** ***Felsgrottenmadonna*** **(da Vinci),** ***Der Heuwagen*** **(John Constable), Werke von Paul Cézanne, Vincent van Gogh und Claude Monet**

3 Natural History Museum

5,28 Mio.

Eröffnung:
1881

Das Natural History Museum ist mit etwa **79 Millionen** Objekten eines der **größten** naturhistorischen Museen der Welt.

Berühmte Werke:
Dinosaurierskelette
Fossilien
Dodomodell
Blauwalskelett
Tyrannosaurus-Rex-Roboter

4 Tate Modern

4,71 Mio.

Eröffnung:
2000

Die Tate ist das **weltweit größte** Museum für **moderne Kunst.**

Werke von
Vincent van Gogh, Pablo Picasso, Henri Matisse, Salvador Dalí, Andy Warhol und vielen anderen

SOCIETY EVENTS

Das

Royal Ascot

ist ein Pferderennen, das

seit 1711

in Ascot ausgetragen wird.
Zeitpunkt: Mitte Juni
Beim Ascot Gold Cup
oder Ladies' Day
tragen die **Damen auffallende Hüte.**
Männer tragen seit
Beau Brummel
Cutaway und Zylinder.

Wimbledon

1877 fanden

in Wimbledon die ersten
Tennismeisterschaften statt.
Seitdem wird dieses Turnier
traditionell auf

Rasen gespielt.

Zeitpunkt: Ende Juni
90% der Spielkleidung müssen
weiß sein. Als traditionelle
Erfrischung gibt es
Erdbeeren mit Sahne.

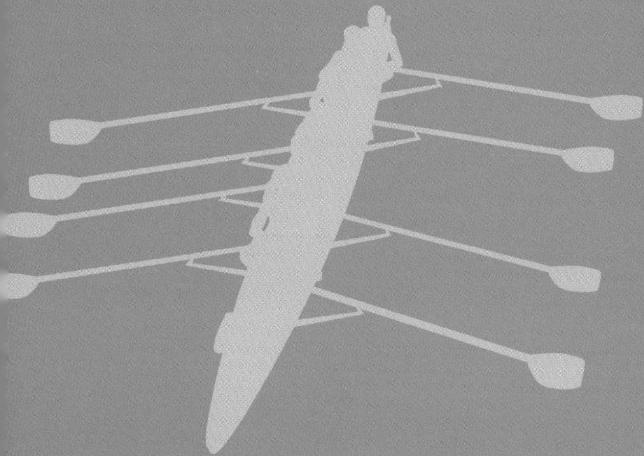

Henley Royal Regatta

Ruderrennen,
fand erstmals

1839 statt

Zeitpunkt: in der ersten
Juliwoche auf der Themse

Länge:

ca. 2 km

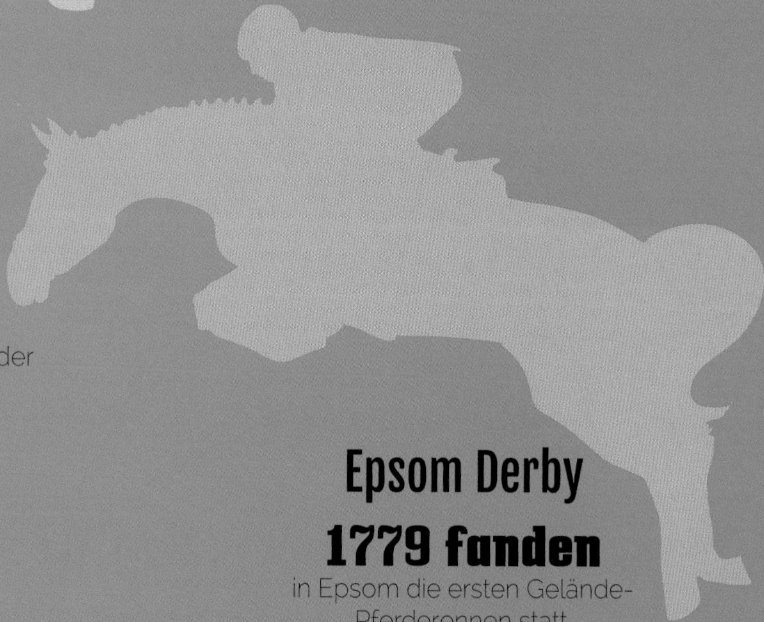

Boat Race Oxford vs. Cambridge

Die erste Ruderregatta

fand 1854

auf der heutigen Strecke statt.
Zeitpunkt: Das Rennen wird im März oder
April auf der Themse ausgetragen

Siege bis 2017:

Cambridge **82**

Oxford **80**

Farben:

light blue

dark blue

Hell- und dunkelblau gestrichene

Gartenstühle aus Schmiedeeisen

heißen Oxford und Cambridge.

Epsom Derby

1779 fanden

in Epsom die ersten Gelände-
Pferderennen statt.
Zeitpunkt: Anfang Juni
Das Turnier wird auch

Blue Riband

genannt.

MORRIS DANCE

ursprünglich ein Bühnentanz

(als Moriskentanz auch in anderen europäischen Ländern Brauch)

Getanzt wird der

Morris Dance

von einzelnen Gruppen,

die ***Sides*** genannt werden.

Ursprünglich gab es nur männliche Tänzer,

heute tanzen auch Frauen mit.

Die zugehörige Musik wird meist mit

Flöte und Trommel

gespielt.

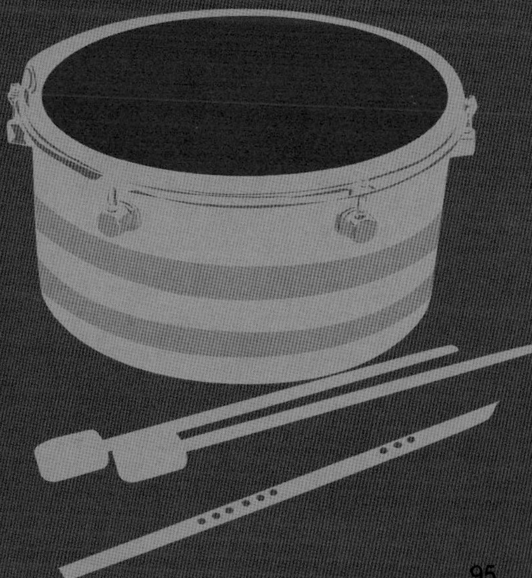

KÜNSTLER

William Hogarth

* 10. November 1697 in London
† 26. Oktober 1764 in London
Hogarth gilt als Vorläufer der

Karikaturisten

und übte in seinen
Kupferstichen Kritik an
vielen seiner Zeitgenossen.

Thomas Gainsborough

* 14. Mai 1727 in Sudbury
† 2. August 1788 in London

Landschafts- und Porträtmaler

Gainsborough war mit David Garrick und Johann Christian Bach befreundet.

John Constable

* 11. Juni 1776 in East Bergholt
† 31. März 1837 in London

Landschaftsmaler der Romantik

Seine Werke zeichnen sich vor allem
durch detaillierte Himmels- und
Wolkenstudien aus.

Joseph Mallord William Turner

* 23. April 1775 in London
† 19. Dezember 1851 London
Turner gilt als Vorläufer des

Impressionismus.

Er ist bekannt für sein schnelles Arbeiten:
Von ihm sind mehr als

20 000 Werke

erhalten.

William Morris

* 24. März 1834 in Walthamstow
† 3. Oktober 1896 in London

Gründer des Arts and Crafts Movements

Er war außerdem einer der Begründer der

sozialistischen Bewegung

in England.

Morris gründete die Firma **Morris, Marshall, Failkner & Co** und stellte dort Möbel, Stoffe und Glasgemälde her.

Silhouette: ***Reclining Figure* (1951)** von Henry Moore. Teil der Sammlung in der **Tate Gallery**

Lucian Freud

* 8. Dezember 1922 in Berlin
† 20. Juli 2011 in London

Porträtmaler

Enkel von **Sigmund Freud**
Freud hinterließ ein immenses Vermögen, die Erbschaftssteuer wurde mit Spenden von Werken an britische Museen bezahlt.

Henry Moore

* 30. Juli 1898 in Castleford
† 31. August 1986 in Much Hadham

Zeichner und Bildhauer

Moore gestaltete vor allem Frauenfiguren. Auf seinen Parisreisen traf er mit **Picasso, Braque und Giacometti** zusammen.

BOOK OF KELLS

Dieses herausragende Beispiel der
insularen Buchmalerei
wurde
um 800 n. Chr.
im Kloster Iona
in Schottland gefertigt.

Es stellt die
4 Evangelien
dar und ist mit traditionellen
keltischen Mustern
illustriert.

Das Book of Kells
befindet sich heute im
Trinity College
in Dublin, Irland.

KELTISCHE KNOTEN

Diese traditionellen
keltischen Symbole
wurden vor allem im
Mittelalter verwendet
und möglicherweise von arabischen Stoffen kopiert.

Der Bandverlauf ist endlos, die Knoten sollen
die Unendlichkeit
abbilden.

GEOFFREY CHAUCER

* ca. 1343, wahrscheinlich in London
† wahrscheinlich 25. Oktober 1400 in London

Chaucer war
Schriftsteller und Dichter
und der Erste, der in der
Volkssprache
Englisch schrieb.

Er führte den
Endreim
statt des
Stabreimes
in die englische Dichtung
ein und arbeitete
mit dem
heroic verse –
einem fünfhebigen Jambus.

CANTERBURY TALES

Entstehungszeit: ab 1387

Chaucers *Canterbury Tales* sind von **Boccaccios *Decamerone*** inspiriert:

Innerhalb der Rahmenhandlung – **eine Reise zum Grab von Thomas Becket in Canterbury** – erzählen **30 Pilger** **je vier Geschichten,** die meist von höfischer Liebe, Verrat und Habsucht handeln.

Bis zu Chaucers Tod wurden nur 21 Geschichten fertig.

WILLIAM SHAKESPEARE

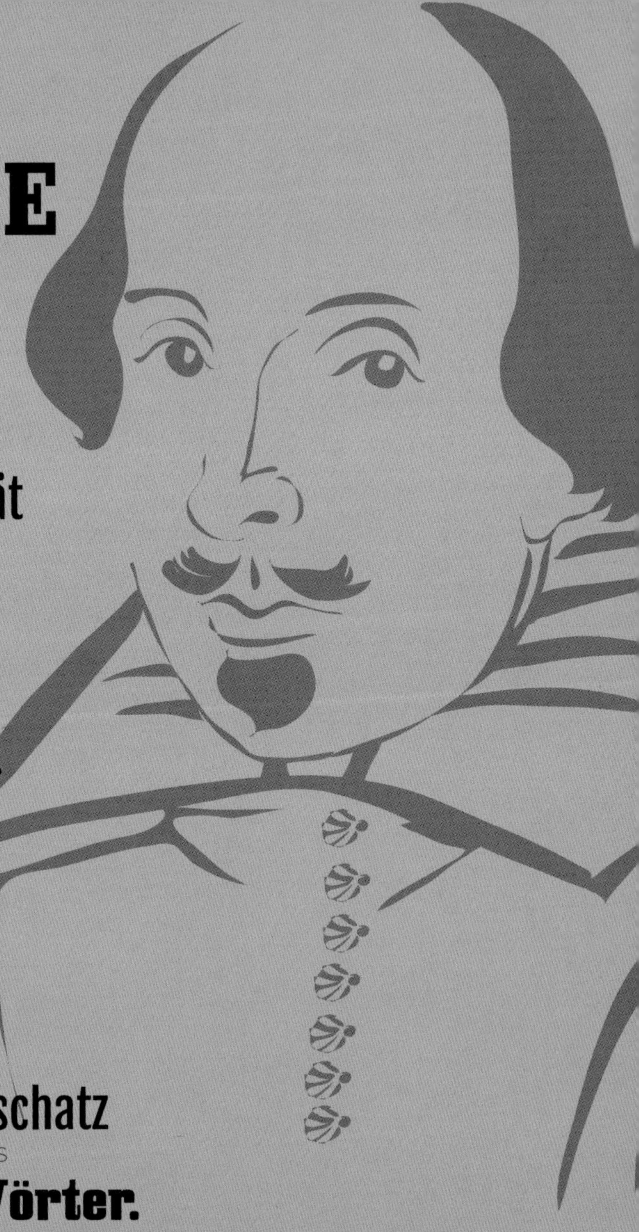

* 1564 in Stratford-upon-Avon
† 23. April/3. Mai 1616 in Stratford-upon-Avon

Shakespeare gilt neben Homer
als bedeutendster Schriftsteller aller Zeiten.

38

Bühnenwerke

154

Sonette

Seine **Identität** ist bis heute **umstritten.**

Er war Mitbesitzer des berühmten **Globe Theatre.**

Sein **Sprachschatz** umfasste mehr als **17 000 Wörter.**

Bekannteste Werke:

Heinrich VI.

Richard III.

Die Komödie der Irrungen

Verlorene Liebesmüh

Der Widerspenstigen Zähmung

Zwei Herren aus Verona

Ein Sommernachtstraum

Der Kaufmann von Venedig

Viel Lärm um nichts

Wie es euch gefällt

Die lustigen Weiber von Windsor

Was ihr wollt

Troilus und Cressida

Ende gut, alles gut

Maß für Maß

Ein Wintermärchen

Der Sturm

Romeo und Julia

Julius Cäsar

Antonius und Cleopatra

Coriolan

Hamlet

Othello

König Lear

Macbeth

SCHRIFTSTELLER

John Milton

* 9. Dezember 1608
in London
† 8. November 1674
in London
Milton war unter **Oliver Cromwell** als Staatsbeamter tätig. Er wurde wegen der Figur des Teufels in seinem

Paradise Lost

als **Parteigänger Satans unwissenderweise** bezeichnet.
Juvenile poems
Aeropagitica
Paradise Regained
Samson Agonistes

William Blake

* 28. November 1757
in London
† 12. August 1827
in London
Schriftsteller, Maler und Erfinder der Reliefradierung
Songs of Innocence
Songs of Experience

Walter Scott

* 15. August 1771 in Edinburgh,
† 21. September 1832
in Abbotsford
Er litt als Kind an Kinderlähmung und hatte ein gelähmtes Bein.
Scott **arbeitete als Barrister** (Gerichtsanwalt). Seine Versdichtungen wurden ähnlich wie bei Shakespeare häufig vertont.
Marmion
Ivanhoe, der schwarze Ritter
Die Jungfrau vom See
Waverly

John Keats

* 31. Oktober 1795 in London
† 23. Februar 1821 in Rom
Sein erster Gedichtband kam nicht gut an, er wurde als **Cockney Poetry** bezeichnet.

Endymion

Zahlreiche Gedichte wie
Ode to Psyche,
Ode to a Nightingale

William Butler Yeats

* 13. Juni 1865
in Sandymount
† 28. Januar 1939
in Menton
Yeats erhielt als erster irischer Dichter den Nobelpreis.
Cathleen ni Houlihan
Die wilden Schwäne auf Coole
Der Turm

Rudyard Kipling

* 30. Dezember 1865
in Bombay
† 18. Januar 1936
in London

Kipling erhielt als jüngster und erster englischer Schriftsteller den **Literaturnobelpreis**. Er war mit **Sir Henry Rider Haggard** und **Henry James** befreundet.

Das Dschungelbuch

wurde mehrmals verfilmt, darunter auch als Disney-Zeichentrickfilm.

Das Dschungelbuch
Kim
Der Mann, der König sein wollte

H. G. Wells

* 21. September 1866
in Bromley
† 13. August 1946
in London

Wells arbeitete als **Hilfsschullehrer und Apothekergehilfe**. Er konnte nach einer schweren **Lungenerkrankung** nur mehr sitzende Tätigkeiten ausführen.

Die Zeitmaschine
Der Unsichtbare
Der Krieg der Welten
Die Insel des Dr. Moreau

Graham Greene

* 2. Oktober 1904
in Berkhamsted
† 3. April 1991 in Vevey

Greenes Großvater gründete die **Green King Brewery.** Green war mit **Robert Louis Stevenson** (*Die Schatzinsel*) verwandt. Er schrieb das Drehbuch zum Film ***Der Dritte Mann*** und spielte selbst im Truffaut-Film ***Die amerikanische Nacht***.

Die Kraft und die Herrlichkeit
Der dritte Mann
Heirate nie in Monte Carlo
Unser Mann in Havanna

Doris Lessing

* 22. Oktober 1919
in Kermānschāh, Iran
† 17. November 2013
in London

Sie arbeitete als **Kindermädchen und als Sekretärin.** Lessing wurde jahrelang vom britischen Secret Service überwacht.

Afrikanische Tragödie
Das goldene Notizbuch
Alfred und Emily

KINDERBÜCHER

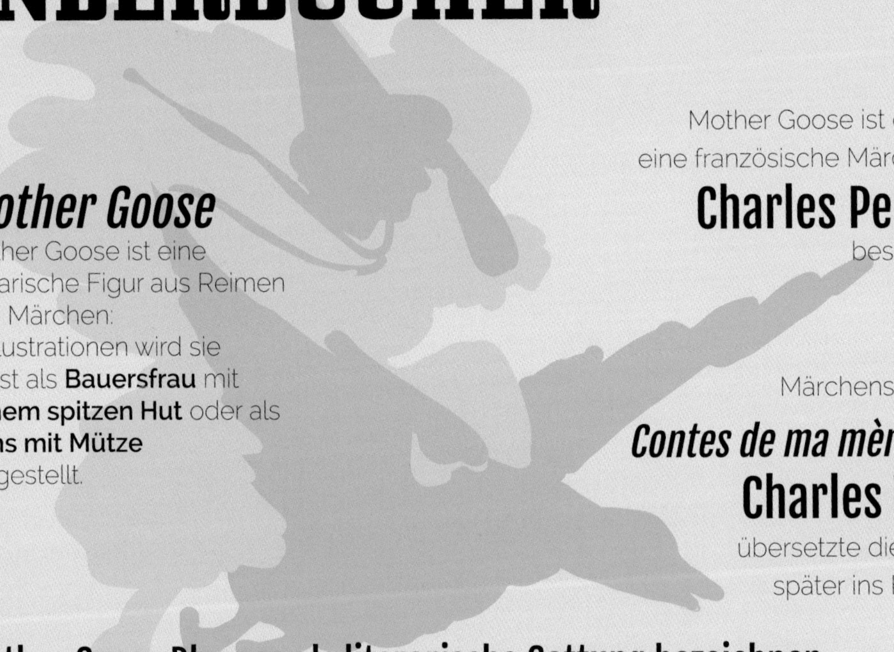

Mother Goose ist eigentlich
eine französische Märchenfigur:

Charles Perrault

beschrieb sie

1697

in seiner
Märchensammlung

Contes de ma mère l'Oye.

Charles Welsh

übersetzte diese wenig
später ins Englische.

Mother Goose

Mother Goose ist eine
literarische Figur aus Reimen
und Märchen:
In Illustrationen wird sie
meist als **Bauersfrau** mit
hohem spitzen Hut oder als
Gans mit Mütze
dargestellt.

Mother Goose Rhymes als literarische Gattung bezeichnen

Abzählreime, kleine Gedichte oder Schlaflieder:

Little Robin Redbreast

Sat upon a rail;
Niddle, naddle,
went his head,
Wiggle, waggle,
went his tail.

Humpty-Dumpty

Humpty-Dumpty sat on a wall,
Humpty-Dumpty had a great fall,
All the king's horses
and all the king's men
Couldn't put Humpty
together again.

Little Tom Tinker's Dog

Bow, wow, wow,
Whose dog art thou?
Little Tom Tinker's dog,
Bow, wow, wow.

Pu der Bär Winnie-the-Poo

Geschrieben

1926 von

Alan Alexander Milne

*** 18. Januar 1882 in London**
† 31. Januar 1956 in Hartfield

Milne schrieb die Geschichte für seinen Sohn Christopher.

Pu

heißt eigentlich

Eward Bear.

Pus Freunde:

Kluge »Oile« oder **Eule** (Owl),
der gelangweilte Esel **I-Aah** (Eeyore)
das weichherzige **Kaninchen** (Rabbit),
die Kängurumutter **Känga** (Kanga)
ihr Junges **Klein-Ruh** (Roo),
der stürmische **Tiger** bzw. »Tieger« (Tigger)
und der Junge **Christopher**

Beatrix Potter

*** 28. Juli 1866 in London**
† 22. Dezember 1943 in Sawrey

Kinderbuchautorin und -illustratorin

Potter schuf Peter Rabbit

für den kranken Sohn ihrer Gouvernante.

Sie ließ das Buch

The Tales of Peter Rabbit

zunächst selbst drucken, da sie **keinen Verlag fand.**

2016

gab es **50-Pence-Münzen** mit Peter Rabbit, zu Ehren des

150. Geburtstages

von Beatrix Potter.

HERR DER RINGE

von John Ronald Reuel Tolkien

* 3. Januar 1892 in Bloemfontein
† 2. September 1973 in Bournemouth

Herr der Ringe ist **der Klassiker** der

Fantasy-Literatur.

Tolkien wurde als Kind von einer Tarantel gebissen.

Er war Professor für

Altenglisch in Oxford

und Mitarbeiter des
Oxford English Dictionary.

Herr der Ringe wurde

1954–1955

publiziert – aufgrund der hohen Papierpreise in drei Bänden.

Tolkien vergab die **Filmrechte** noch selbst, um eine Verfilmung durch Disney zu verhindern.

Frodo, Hobbit
der Ringträger

DIE GUTEN

Hobbits

Elben

Zwerge

Gandalf (Zauberer)

Menschen des Nordens und des Westens

DIE BÖSEN

Sauron

der dunkle Herrscher, dessen Macht an den Ring gekettet ist.

Orks

Trolle

Saruman (Zauberer)

Menschen des Ostens und des Südens

2001–2003

kam die Filmtrilogie von Peter Jackson in die Kinos.

Der Herr der Ringe: Die Gefährten

Der Herr der Ringe: Die zwei Türme

Der Herr der Ringe: Die Rückkehr des Königs

Sie erhielt insgesamt **17 Oscars.**

ALICE IM WUNDERLAND

von Lewis Caroll

* 27. Januar 1832 in Daresbury
† 14. Januar 1898 in Guildford

Carroll schuf mit
Alice im Wunderland
und Alice hinter den Spiegeln
Nonsense-Literatur.

Er war Mathematiker
und unterrichtete am
Christ Church College in
Oxford.

Caroll stotterte.

1865 erschien
Alice's Adventures in Wonderland,
und **1871** die Fortsetzung
Through the Looking Glass and what Alice found there.

Der verrückte Hutmacher

Grinsekatze

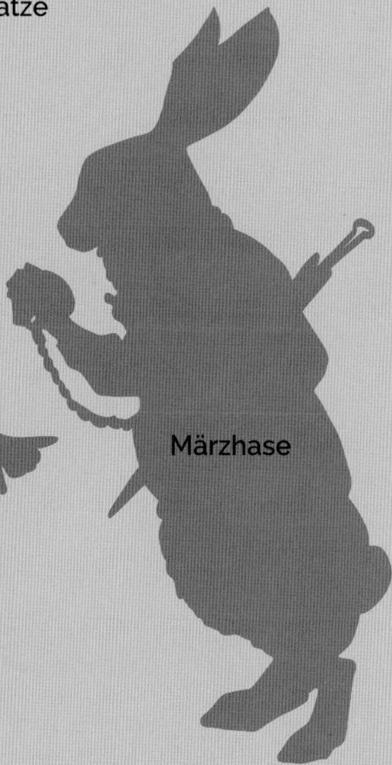

Märzhase

Herzkönigin

Alice im Wunderland

Caroll arbeitet hier mit

Spielkarten-

Motiven.

Alice hinter den Spiegeln

Caroll arbeitet hier mit

Schach-

Motiven.

Nonsense-Gedicht

des

Jabberwocky

Tweedledum und Tweedledee

Zwillinge, die Spiegelbilder voneinander sind

HARRY POTTER

von Joanne K. Rowling

* 31. Juli 1965 in Yate, South Gloucestershire
Pseudonym: Robert Galbraith

Rowling erfand Harry Potter auf einer Zugfahrt von Manchester nach London.

1997
wurde Harry Potter in einer Startauflage
von 500 Exemplaren
veröffentlicht, mittlerweile wurden mehr als
450 Millionen
Bücher verkauft.

Die Romane wurden über als
70 Sprachen
übersetzt.

Hogwarts
ist nach dem Vorbild
der Public Schools
aufgebaut. So gibt es etwa auch
Schuluniformen.

Die sieben Bände und
ihre englische Publikation:

Harry Potter und ...

... der Stein der Weisen, 1997
... die Kammer des Schreckens, 1998
... der Gefangene von Askaban, 1999
... der Feuerkelch, 2000
... der Orden des Phönix, 2003
... der Halbblutprinz, 2005
... die Heiligtümer des Todes, 2007
... das verwunschene Kind, 2016

Die Vermarktungsrechte

von Harry Potter liegen bei
Time Warner.

Warner Brothers bietet eine
Making-of-Location-Tour
in London an.

Bourough Market:
Drehort für *Harry Potter*
und der Gefangene von Askaban.

BERÜHMTE DETEKTIVE

Hercule Poirot

Agatha Christie

Poirot legt besonderen Wert auf seinen **Schnurrbart.** Er ist für **Ordnung und Methode.** Seine Augen werden grün, wenn er die Lösung eines Falles findet.

Miss Marple

Agatha Christie

Harmlose alte Dame von nebenan

Miss Marple kennt die Abgründe der Menschen. Sie wird immer an jemanden erinnert, den sie kennt.

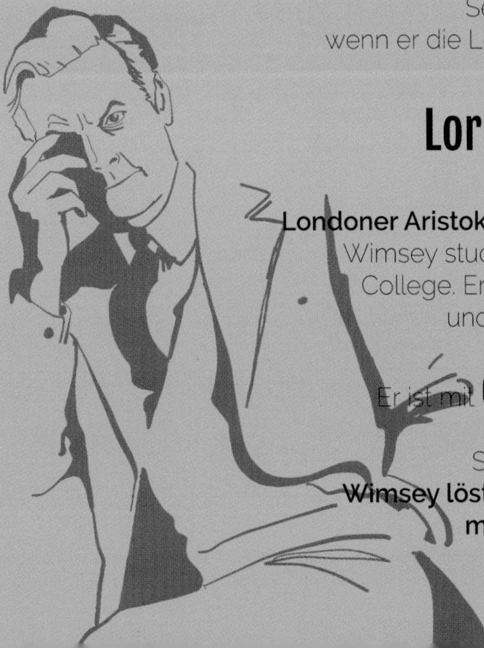

Lord Peter Wimsey

Dorothy Sayers

Londoner Aristokrat mit Weltkriegstrauma. Wimsey studierte in Oxford am Balliol College. Er rettet seine spätere Frau und seinen Bruder durch die Aufklärung der Morde.

Er ist mit **Charles Parker,** einem Kriminalinspektor bei Scotland Yard, befreundet.

Wimsey löst seine Fälle gemeinsam mit seinem Diener Bunter.

Inspector Morse
Colin Dexter

Morse liebt Scotch und die Pubs von Oxford. Er hört gern Wagner und Rockmusik.

Bei Ermittlungen wird er von seinem jungen Kollegen Lewis unterstützt.

Sherlock Holmes
Arthur Conan Doyle

Holmes spielt Geige und ist rauschgiftsüchtig.

Er löst seine Fälle gemeinsam mit seinem Freund Watson.

John Rebus
Ian Rankin

Rebus lebt in Edinburgh.
Er lebt allein und trinkt zu viel.

Er legt sich gern mit seinen Vorgesetzten an.

SHERLOCK HOLMES

Sherlock Holmes ist eine von
Arthur Conan Doyle geschaffene Romanfigur.

Detektiv,
der seine Fälle vor allem mit
genauer **Beobachtung**
und mithilfe von
forensischen Beweisen löst.

Er spielt
Geige,
ist kokain- und
morphiumsüchtig
und
Raucher
(Pfeife, Zigarren,
Zigaretten). Außer-
dem züchtet er
Bienen

Er trägt eine
Deerstalker-Mütze
und einen
Iverness-Mantel.

Holmes wohnt in der
Baker Street 221b.
An diese Adresse
erhält er bis heute
Briefe von treuen Fans.

Dr. Watson,

sein Freund und Mitermittler, ist der eigentliche Erzähler.

Gegenspieler:
Das Verbrechergenie

Professor Moriarty

Mycroft Holmes

Bruder

Inspector Lestrade

Der am häufigsten auftretende Inspektor von Scotland Yard

CHARLES DICKENS

eigentlich

Charles John Huffam Dickens

Fellow of the Royal Society of Arts

* 7. Februar 1812 in Landport
† 9. Juni 1870 bei Rochester

Er stammte aus einer **armen Familie** und musste bereits als Kind arbeiten, um die Familie zu unterstützen.

Als es seiner Familie besser ging, ging er wieder zur Schule und arbeitete dann

als Anwaltsgehilfe, Berichterstatter und schließlich als Journalist.

Viele seiner Werke erschienen zunächst als

Fortsetzungsgeschichten in Zeitungen.

Der geizige

Ebenezer Scrooge

aus der Weihnachtsgeschichte
gilt als Vorbild für

Dagobert Duck.

In seinen Werken prangerte Dickens soziale Missstände an: Er wollte die Menschen wachrütteln und den Weg für soziale Reformen ebnen.

Zu seinen bekanntesten Werken zählen:

Oliver Twist

Eine Weihnachtsgeschichte

David Copperfield

Eine Geschichte aus zwei Städten

Große Erwartungen

Im *Oxford English Dictionary*

sind 258 neue Wörter bzw. 1586 neue Bedeutungen

angeführt, die auf Romane von Charles Dickens zurückzuführen sind, z. B. *dustbin* (Mülltonne), *boredom* (Langeweile), *red tape* (Amtsschimmel).

JANE AUSTEN

* 16. Dezember 1775 in Steventon
† 18. Juli 1817 in Winchester

Jane Austen veröffentlichte anonym als

»A lady«.

Austen schrieb ihre ersten Romane bereits im Alter zwischen

19 und 22 Jahren.

1811

Verstand und Gefühl
Sense and Sensibility
(entstanden um 1795)

1813

Stolz und Vorurteil
Pride and Prejudice
(entstanden 1796–1797)

1814

Mansfield Park
(entstanden 1811–1813)

Jane Austens Werke wurden **unzählige Male verfilmt.**

1815

Emma

1818 (posthum)

Überredung
Persuasion
(entstanden 1816)

Die Abtei von Northanger
Northanger Abbey
(entstanden 1798–1803)

Lady Susan
(entstanden 1793–1795)

GESCHWISTER BRONTË

Die Geschwister erfanden die Phantasiewelt **Angria.**

Charlotte

(1816–1855)
Pseudonym: Currer Bell

Jane Eyre
Shirley
Villette
The Professor
Emma

Patrick Branwell

(1817–1848)
Gedichte

Emily

(1818–1848)
Pseudonym: Ellis Bell

Wuthering Heights

Anne

(1820–1849)
Pseudonym: Acton Bell

Agnes Grey
The Tenant of Widfell Hall

Die Geschwister veröffentlichten ihre Werke unter **männlichen Pseudonymen,** da sie sich der **Geringschätzung weiblicher Autoren** bewusst waren.

LORD BYRON

George Gordon Noel Byron, 6. Baron Byron

* 22. Januar 1788 in London
† 19. April 1824 in Griechenland

Berühmter Dichter
und Wegbereiter
der Romantik.

Er schuf
mit den Protagonisten
seiner Werke den
Byronic Hero
(Byronischer Held) –
eine archetypische Figur der Literatur, eine romantische Künstlerpersönlichkeit, ein Außenseiter und Rebell.

Byron befehligte
1823
die freien Streitkräfte im
Griechischen Unabhängigkeitskrieg.

Bekannteste Werke:
Childe Harold's Pilgrimage
Manfred
Don Juan

FRANKENSTEIN

MARY SHELLEY

* 30. August 1797 in London
† 1. Februar 1851 in London

Inhalt:
Ein Schweizer Arzt namens **Viktor Frankenstein** erweckt ein aus Leichenteilen geformtes Monster zum Leben.

Bei einem Aufenthalt in Lord Byrons Villa am **Genfer See** hatte Mary Shelley angestoßen **von Schauergeschichten,** die die Gäste sich zum Zeitvertreib vor dem Kaminfeuer erzählten, die Idee zur Geschichte von **Frankenstein.**

Frankenstein* oder *Der moderne Prometheus wurde zunächst anonym veröffentlicht – Shelley war bei Erscheinen des Buches erst **19 Jahre alt.**

***Frankenstein* wurde unzählige Male verfilmt.**

Igor, Gehilfe Viktor Frankensteins, ist eine reine Filmfigur

BIBLIOTHEKEN

An diese 6 Bibliotheken muss je
1 Exemplar jeder Publikation gegeben werden:

British Library
Ca. 170 Millionen Publikationen
Ca. 25 Millionen Bücher

Bodleian Library
1602 eröffnet
2500 Leseplätze
Ca. 6,5 Millionen Bücher

National Library of Scotland
Ca. 7 Millionen Bücher
Kopien der Gutenberg-Bibel
Shakespeare-Folios

National Library of Wales
Ca. 4 Millionen Bücher
Das **älteste walisische Manuskript:**
The Black Book of Carmathan

Cambridge University Library
Existiert **seit dem 15. Jahrhundert**
Ca. 5,5 Millionen Bücher

Library of the Trinity College
Ca. 4,5 Millionen Bücher
Große Sammlung von
Handschriften und Inkunabeln

BUCHHANDLUNGEN

Waterstones Bookshops

275
Geschäfte

3500
Angestellte

Foyles

Flagship Store in Charing Cross Road

Größte Buchhandlung der Welt

50 000
Regalmeter

Watkins Books

Londons älteste esoterische Buchhandlung

Aleister Crowley (Tarotexperte) ließ alle Bücher verschwinden und wieder auftauchen.

Blackwell's

1879
in Oxford gegründet. Spezialisiert auf Fachliteratur.

45 Shops

PHILOSOPHEN

Francis Bacon

* 22. Januar 1561 in London
† 9. April 1626 in Highgate
Begründer des

Empirismus

»Wissen ist Macht«

Bacon setzte auf Naturbeobachtung und Experimente – der Mensch sollte seiner Meinung nach die Natur beherrschen.

Thomas Hobbes

* 5. April 1588 in Westport
† 4. Dezember 1679 in Hardwick Hall
Begründer des aufgeklärten

Absolutismus

Staatstheoretiker:

Leviathan or the Matter, Forme and Power of a Commonwealth Ecclesiastical and Civil (Leviathan oder Stoff, Form und Gewalt eines kirchlichen und staatlichen Gemeinwesens), **1651.**

John Locke

* 29. August 1632 in Wrington
† 28. Oktober 1704 in Oates

Vater des

Liberalismus

und Wegbereiter der

Aufklärung

Die Menschenrechte gehen auf seine Überlegungen zurück: Er postulierte die natürlichen

Rechte auf Freiheit, Leben, Glück und Eigentum.

Bertrand Russell

* 18. Mai 1872 in Trellech
† 2. Februar 1970 in Penrhyndeudraeth

Philosoph, Mathematiker und Logiker

Russell gilt als einer der

Begründer der Analytischen Philosophie.

Bekannte Werke:
Principia Mathematica
(1910–1913)
A History of Western Philosophy
(Philosophie des Abendlandes, 1945)

THEATERGESCHICHTE

Public Playhouses Bankside

Im **16. Jh.**
traten fahrende
Schauspieltruppen in den Innenhöfen von Pubs auf.
Die Truppen mussten unter der Patronanz eines Adeligen stehen.

Aus den temporären Bühnen entwickelten sich feste Theater:

Red Lion
The Rose
The Swan
Fortune Playhouse
Globe Theatre

Es durften nur Männer spielen, die *boy actors*.

Queen's Men
1583

auf Befehl von **Elisabeth I. gegründet**
Sie waren für die Unterhaltung bei Hof im Winter zuständig und durften ansonsten nur an zwei weiteren Orten auftreten: im Bell Savage Inn und im Bell Inn.

Private Playhouses in zentraler Lage

Die Bühne war von drei Seiten von Zuschauerrängen umgeben.

Lord boxes:

Logen für reiche Zuschauer

Royal Shakespeare Company
1960

gegründetes Ensemble in Stratford-upon-Avon

Das Theaterensemble bespielt das Royal Shakepeare Theatre, das Swan Theatre und The other Place.

THEATER-AUTOREN

Oscar Wilde

eigentlich Oscar Findal O'Flahertie Will Wilde

* 16. Oktober 1854 in Dublin
† 30. November 1900 in Paris

Lady Windermere's Fan, 1892

A Woman of No Importance, 1893

Salomé, 1891

The Importance of Being Earnest, 1895

Wilde saß wegen seiner Homosexualität im Gefängnis.

Christopher Marlowe

* 26. Februar 1564 in Canterbury
† 30. Mai 1593 in Deptford

***Dido, Queen of Carthage*, 1594**

***The Tragical History of Doctor Faustus*, 1587**

(*Die tragische Historie vom Doktor Faustus*)

– inspirierte Goethe zu Faust.

George Bernard Shaw

* 26. Juli 1856 in Dublin
† 2. November 1950 in Ayot Saint Lawrence

Er erhielt 1925

den Nobelpreis für Literatur.

***Pygmalion*, 1913**

ist die Grundlage für das Musical und den Film ***My Fair Lady***.
Er entwickelte einen neuen Dramentyp, das Diskussionsdrama.

DIE MAUSEFALLE

(*The Mousetrap*) von Agatha Christie

Agatha Christie **schenkte die Rechte** ihrem Enkel **Mathew Prichard.**

Die Verfilmung kann erst nach Auslaufen des Stückes im Westend erfolgen.

Die Mausefalle wird seit

1952

im Londoner

St. Martin's Theatre täglich aufgeführt.

Es ist das am längsten laufende Theaterstück der Welt.

Am

18. November 2012

fand die

25 000.

Aufführung statt.

Das Stück

wurde in mehr als

40 Ländern

aufgeführt.

Das Stück darf erst

6 Monate

nach Auslaufen in England am Broadway aufgeführt werden.

THEATER

The Globe Theatre

Nachbau durch

Sam Wanamaker

Wiedereröffnung

1997

Das ursprüngliche Globe

wurde am

29. Juni 1613

durch ein **Feuer** vernichtet – eine **Kanonenkugel entzündete das Strohdach.**

Es wurde neu aufgebaut, im

Jahr 1642

jedoch geschlossen und

1644

abgerissen.

Penny Stinkers

nannte man die Leute auf den billigen Plätzen.

Shaftesbury Theatre

Von **Bertie Crewe** für die **Brüder Melville** erbaut und

1911 eröffnet

Hier wurden viele Werke von

Gilbert & Sullivan

aufgeführt.

1973

stürzte ein Teil
der Decke ein.

Apollo Theatre

1901 eröffnet

als Musical-Theater

2013

stürzte die Decke ein,
es gab zahlreiche Verletzte.

2014
wiedereröffnet.

OPERNHÄUSER

Covent Garden

Das königliche Opernhaus

seit 1892.

Covent Garden wurde **drei Mal** neu aufgebaut, nachdem es zwei Mal durch ein **Feuer zerstört** worden war.

ENO – English National Opera

Sitz: London Coliseum

Die ENO geht auf

Lilian Baylis und Emma Cons

zurück, die am **Old Vic Theatre** Opern und Ballettproduktionen zeigten. **Alle Stücke werden in englischer Sprache gesungen.**

Glyndeborne

Die privaten Musikabende mit seiner Frau, der Sopranistin

Audrey Mildmay,

waren ein so großer Erfolg, dass

John Christie 1933

auf seinem Landsitz das Opernhaus baute.
Im Park findet zwischen den Opernakten traditionell ein Picknick statt.

KOMPONISTEN

John Dunstable

* um 1390
† 24. Dezember 1453 London

Er schuf hauptsächlich

Kirchenmusik
(Motetten, Messekompositionen und Messen).
Seine Grabinschrift beschreibt ihn als »Fürst der Musik«.

John Dowland

* 1563 wahrscheinlich London
† 1626 in St. Anne

Komponist des elisabethanischen Zeitalters

Lautenlieder
Werke für Laute solo
Erste Kompositionen für Soloinstrumente

Henry Purcell

* 10. September 1659 in Westminster
† 21. November 1695 in London

Barockkomponist
Purcell wurde mit dem Ehrentitel **Orpheus britannicus** gewürdigt.

***Dido and Aeneas*, 1689**
***King Arthur, or The British Worthy*, 1691**
***The Fairy-Queen*, 1692**

Edward Elgar

* 2. Juni 1857 Broadheath
† 23. Februar 1934 Worcester

Enigma Variations (*Enigma-Variationen*), 1898

***Pomp & Circumstance March No. 1*, 1930**

besonders bekannt sind die ersten beiden Märsche (March No. 1 in D major und March No. 2 in A minor)

Elgar wurde 1904 zum Ritter ernannt.

Georg Friedrich Händel

* 23. Februar 1685 Halle
† 14. April 1759 London

Barockkomponist
Sein Hauptwerk umfasst

25 Oratorien, 42 Opern, Kirchenmusik, Kantaten sowie Kammer- und Klaviermusik.

Rinaldo, 1711
Water Music (*Wassermusik*), 1717
Giulio Cesare in Egitto (*Julius Cäsar*), 1724
Messiah (*Der Messias*), 1741, mit dem weltbekannten Halleluja

Benjamin Britten

* 22. November 1913 Lowestoft
† 4. Dezember 1976 Aldeburgh

Komponist, Dirigent, Pianist

Peter Grimes, 1945
War Requiem, 1962
The Young Person's Guide to the Orchestra, 1945

THE BEATLES

Bandmitglieder:
John Lennon (Gitarre, Gesang)
Paul McCartney (Bass, Gesang)
George Harrison
(Leadgitarre, Gesang)
Ringo Starr (Schlagzeug, Gesang)

Die Vier lernten sich Ende der
1950er-Jahre
kennen und gaben ihr erstes Konzert als »The Beatles« im August 1960 im Hamburger Star Club.

Ihre erste Single
Love me do
erschien **1962.**

Sie machten den Pilzkopf (*mop-top*) salonfähig.

The Beatles sind die Band mit den weltweit
meistverkauften Tonträgern
und den meisten
Nr.-1-Hit-Singles und -Alben.

In der ersten

Aprilwoche 1964

belegten die Beatles die ersten

fünf Plätze der Billboard Hot 100

mit:

Can't Buy me Love
Twist and Shout
She Loves You
I Want to Hold Your Hand
Please Please Me

Dieser Rekord ist bisher ungebrochen.

Die Beatles lösten vor allem unter **weiblichen Fans** legendäre ekstatische Begeisterungsstürme aus, **die Beatlemania.** Sie wurden als ***Fab Four*** bezeichnet.

Paul is dead

Verschwörungstheorie, der zufolge Paul McCartney **1966 bei einem Autounfall** ums Leben gekommen ist und durch einen **Doppelgänger ersetzt wurde.**

Im April 1970

wurde die Auflösung der Band bekanntgegeben. Letztes Album: *Let it Be*

John Lennon wurde am **8. Dezember 1980** in New York ermordet

THE ROLLING STONES

Bandmitglieder:
Mick Jagger (Gesang)
Keith Richards (Leadgitarre)
Ron Wood (Gitarre/Bass)
Charlie Watts (Schlagzeug)

ehemalige Bandmitglieder:
Brian Jones
Bill Wyman
Mick Taylor
Ian Stewart

Die Band wurde **1962** gegründet.

Die erste Single der Rolling Stones, ***Come On***, erschien im **Juni 1963.** Ihre zweite Single, *I Wanna be Your Man*, war eine Lennon/McCartney-Komposition.

Während des Auftritts der Rolling Stones auf dem **Altamont Free Concert** (Kalifornien) im **Dezember 1969** wurde der 18-Jährige **Meredith Hunter** von einem Mitglied der Hell Angels erstochen, insgesamt starben **4 Menschen.** Das Konzert steht für das Ende der Love-and-Peace-Bewegung.

Der Bandname bezieht sich auf das **Muddy Waters Stück *Rollin' Stone.***

1970

gründete die Band ihr eigenes Plattenlabel

Rolling Stones Records.

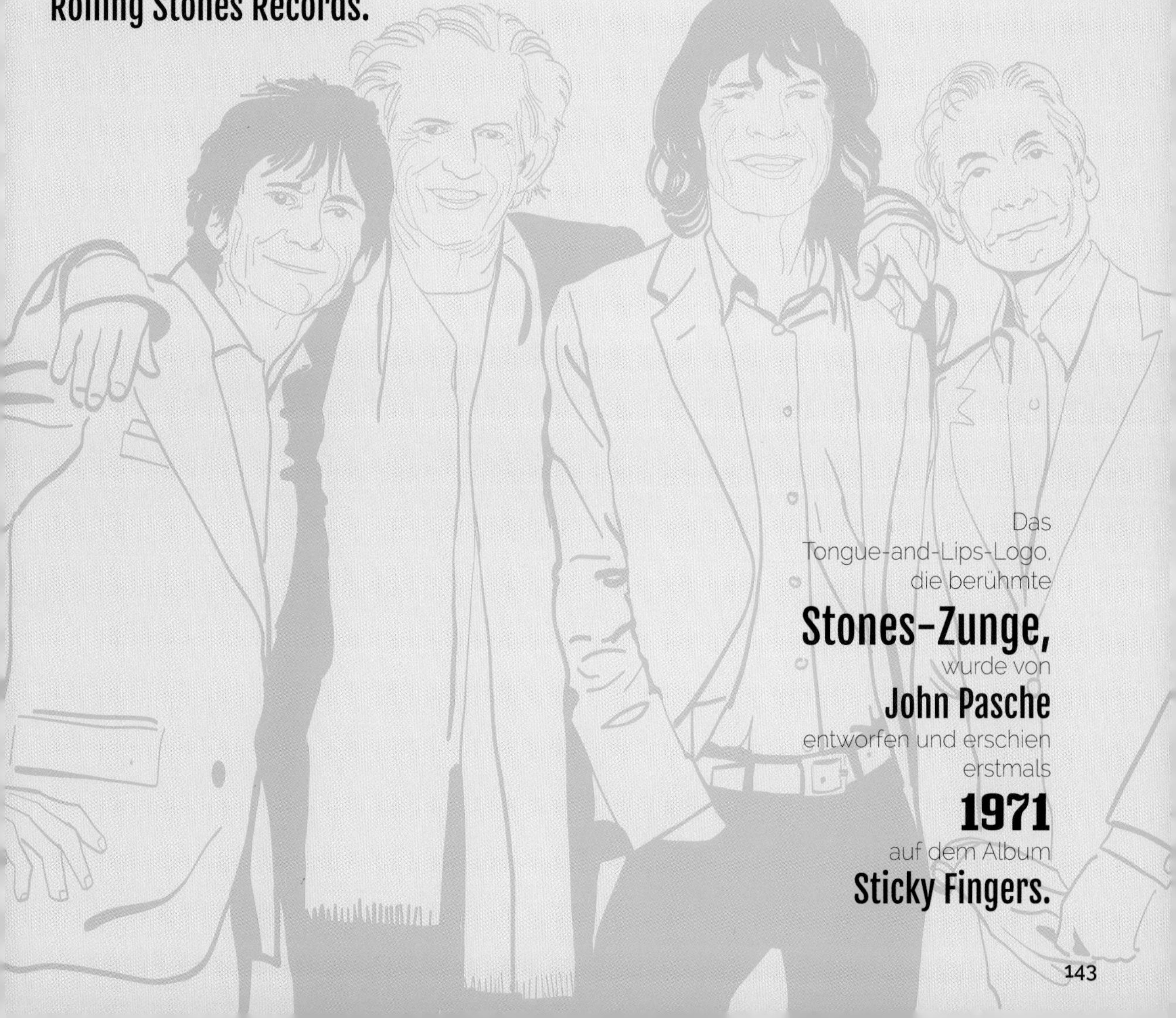

Das Tongue-and-Lips-Logo, die berühmte

Stones-Zunge,

wurde von

John Pasche

entworfen und erschien erstmals

1971

auf dem Album

Sticky Fingers.

LEGENDÄRE BANDS 1

The Who
(Rock)

gegründet

1964

Bandmitglieder:
Pete Townshend (Gitarre, Gesang)
Roger Daltrey (Gesang, Gitarre)
John Entwistle (Bass, Gesang bis 2002)
Pino Palladino (Bass seit 2002)
Keith Moon (Schlagzeug bis 1978)
Kenney Jones (Schlagzeug 1978-1988)
Zak Starkey (Sohn von Ringo Starr, Schlagzeug seit 1996)
John Bundrick (Keyboard seit 1979)
Simon Townshend (Gitarre, Gesang seit 1996)

The Who verkörpern die Mod-Bewegung.

Größte Hits:

My Generation **(1965)**
I'm a Boy **(1966)**

Die Band ist bekannt für ihre »Rockoper« ***Tommy*** und die Musik für den Film ***Quadrophenia***.

Pink Floyd

(Psychedelic Rock)

gegründet

1965

Bandmitglieder:
David Gilmour (Gesang)
Nick Mason (Schlagzeug)
Richard Wright (Keyboard, Gesang)
Roger Waters (Bass, Gesang)

Größte Hits:
Another Brick in the Wall (1979)

Led Zeppelin

(Rock)

gegründet

1968

Bandmitglieder
John Bonham (Schlagzeug)
Robert Plant (Gesang)
Jimmy Page (Gitarre)
John Paul Jones (Bass)

Größte Hits:
Whole Lotta Love (1969)
Stairway to Heaven (1971)

Deep Purple

(Hard Rock)

gegründet

1968

aufgelöst

1976

Neugründung

1984

Bandmitglieder:
Ian Gillan (Gesang, Mundharmonika)
Steve Morse (Gitarre)
Roger Glover (Bass),
Jon Lord (Hammond-Orgel/ Keyboard bis 2002)
Don Airey (Hammond-Orgel/ Keyboard seit 2002)
Ian Paice (Schlagzeug)

Größte Hits:
Black Night (1970)
Smoke on the Water (1972)

Queen

(Glam Rock)

gegründet

1970

Bandmitglieder:
Freddie Mercury (Gesang, Klavier)
Brian May (Gitarre, Gesang)
Roger Taylor (Schlagzeug, Gesang)
John Deacon (Bass)

Größte Hits:
Bohemian Rhapsody (1975)
We are the Champions (1977)
Another One Bites the Dust (1980)
Radio Gaga (1984)

LEGENDÄRE BANDS 2

Sex Pistols
(Punkrock)

gegründet
1975
aufgelöst
1978
Neugründung
1996

Bandmitglieder:
Johnny Rotten (Gesang)
Steve Jones (Gitarre)
Glen Matlock (Bass bis 1977)
Sid Vicious (Bass 1977-1978)
Paul Cook (Schlagzeug)

Größte Hits
Anarchy in the U.K. **(1976)**
God Save the Queen **(1977)**

Roxy Music
(Art Rock)

gegründet
1971

Bandmitglieder:
Brian Eno (Sytnesizer bis 1973)
Bryan Ferry (Gesang, Keyboard, Mundharmonika)
Andy Mackay (Saxophon, Oboe)
Phil Manzanera (Gitarre)
Paul Thompson (Schlagzeug)
Colin Good (Keyboard)

Größte Hits
Jealous Guy **(1981)**
Dance Away **(1979)**

Iron Maiden
(Heavy Metal)

gegründet
1975

Bandmitglieder
Bruce Dickinson (Gesang)
Dave Murray (Gitarre)
Adrian Smith (Gitarre)
Janick Gers (Gitarre)
Steve Harris (Bass)
Nicko McBrain (Schlagzeug)

Größte Hits
Bring Your Daughter ... to the Slaughter **(1991)**
Be Quick or be Dead **(1992)**

The Cure (Post-Punk/ Gothic Rock/ New Wave)

gegründet

1976

Bandmitglieder:
Robert Smith (Gesang, Gitarre)
Simon Gallup (Bass, Keyboard)
Roger O'Donnell (Keyboard)
Jason Cooper (Schlagzeug, Percussion)
Reeves Gabrels (Gitarre)

Größte Hits:
Boys Don't Cry (1979/1986)
Friday I'm in Love (1992)
The Love Cats (1983)

Depeche Mode (Synthie Pop/ New Wave)

gegründet

1980

Bandmitglieder:
Dave Gahan (Gesang)
Martin Gore (Keyboard, Gitarre, Bass, Gesang)
Andrew Fletcher (Keyboard)

Größte Hits:
People are People (1984)
Barrel of a Gun (1997)
Precious (2005)

Take That (Boyband/Pop)

gegründet

1990

aufgelöst

1996

Neugründung

2005

Bandmitglieder:
Gary Barlow (Gesang, Klavier)
Howard Donald (Gesang, Schlagzeug)
Mark Owen (Gesang, Gitarre)
ehemalige Bandmitglieder:
Jason Orange, Robbie Williams

Größte Hits:
Pray (1993)
Back for Good (1995)
Patience (2006)

Spice Girls (Girlband/Pop)

gegründet

1994

aufgelöst

2001

Reunion

2007–2008

Bandmitglieder:
Victoria Beckham »Posh Spice«
Mel B (Melanie Brown) »Scary Spice«
Emma Bunton »Baby Spice«
Mel C (Melanie Chisholm) »Sporty Spice«,
Geri (Geraldine Halliwell) »Ginger Spice«

Größte Hits:
Wannabe (1996)
2 Become 1 (1996)

BRITPOP

Teil einer kulturellen

Bewegung der 1990er,

die im Zeichen der Rückbesinnung auf die

»Britishness«

stand. Diese »Cool Britannia«-Bewegung orientierte sich an den **Swinging Sixties** und modisch an den Mods. **Höhepunkt** in den

Jahren 1993 bis 1997.

Eingängiger, melodischer Pop als musikalische

Gegenbewegung zum US-Grunge.

Musikalische Vorbilder:
The Who, The Kinks, The Jam, The Smiths oder The Small Faces.

Paul Weller, der Frontman von The Jam, gilt als **Godfather des Britpop**.

Oasis

gegründet
1991
aufgelöst
2009

Bandmitglieder:
Liam Gallagher (Gesang)
Noel Gallagher (Leadgitarre, Gesang)
Tony McCarroll (Schlagzeug bis 1995)
Paul McGuigan (Bass bis 1999)
Andy Bell (Bass ab 1999)
Paul Arthurs (Gitarre bis 1999)
Gem Archer (Gitarre ab 1999)

Größte Hits:
Some Might Say **(1995)**
Don't Look Back in Anger (1996)

Blur

gegründet
1989
aufgelöst
2004
Neugründung
2008

Bandmitglieder:
Damon Albarn (Gesang, Gitarre, Keyboard)
Graham Coxon (Leadgitarre)
Dave Rowntree (Schlagzeug)
Alex James (Bass)

Größte Hits:
Country House **(1995)**
Beetlebum **(1997)**

Battle of Britpop zwischen Oasis und Blur

Oasis:
Norden und Arbeiterklasse

Blur:
Süden und bürgerlich

Oasis war kommerziell erfolgreicher, ihr zweites Album, ***(What's the Story) Morning Glory?***, war das dritterfolgreichste der britischen Geschichte.

Pulp

gegründet
1978

Bandmitglieder:
Jarvis Cocker (Gesang, Gitarre)
Candida Doyle (Keyboard)
Steve Mackey (Bass)
Mark Webber (Gitarre)
Nick Banks (Schlagzeug)

Größte Hits:
Common People **(1995)**

Suede

gegründet
1988

Bandmitglieder:
Brett Anderson (Gesang)
Mat Osman (Bass)
Richard Oakes (Gitarre)
Simon Gilbert (Schlagzeug)
Neil Codling (Keyboard, Gitarre)

Größte Hits:
Trash **(1996)**
Electricity **(1999)**

Weitere Größen des Britpop:

Supergrass
Ash
The Divine Comedy
The Verve
Travis

Die 5 größten Britpop-Hits:

Champagne Supernova (Oasis)
Song 2 (Blur)
Common People (Pulp)
Why does it always rain on me? (Travis)
Bittersweet Symphony (The Verve)

INTERPRETEN

Joe Cocker

(1944–2014)

Cocker eröffnete 1969 den dritten Tag des Woodstock-Festivals.
Er ist bekannt für seine markanten, zappelnden Bewegungen auf der Bühne.

Größte Hits:

With a Little Help from My Friends (1968)

Rod Stewart

(* 1945)

Rod heißt eigentlich Roderick.
Er hatte sechs aufeinanderfolgende Nr.-1-Alben in GB und war Frontman der Faces.

Größte Hits:

Maggie May/Reason to Believe (1971)
Sailing (1976)

Eric Clapton

(* 1945)

Clapton wurde 2011 vom Rolling Stone zur Nr. 2 der 100 Greatest Guitarists of All Time gewählt.
Spitzname: Mr. Slowhand

Größter Hit:

Tears in Heaven (1992)

David Bowie

(1947–2016)

»Chamäleon des Pop«

Bowie ist bekannt für seine exzentrischen Bühnenkostüme und sein Spiel mit Geschlechterzuschreibungen.
Der letzte Song, den David Bowie live auf der Bühne performte, war *Changes* (2006).

Größte Hits:

Space Oddity (1975)
Heros (1969)
Changes (1971)
Let's Dance (1983)

Elton John

(* 1947)
Elton John ist bekannt für seinen extravaganten **Brillengeschmack**.
Er rief 1992 die Elton John AIDS Foundation ins Leben und ist Ehrenmitglied des FC Liverpool.
Elton John war ein enger Freund von Lady Diana und sang 1997 eine umgetextete Version seiner Single *Candle in The Wind* bei ihrem Begräbnis in der Westminster Abbey.
Größte Hits:
***Don't Go Breaking My Heart* (1976)**
***Are You Ready For Love* (1979)**

George Michael

(1963–2017)
George Michael war bis 1986 ein Teil des 1981 mit Andrew Ridgeley gegründeten Duos **Wham!**.
Größte Hits:
***Careless Whisper* (1984)**
***Fastlove* (1996)**

Sting

(* 1951)
Sting war der Frontman der New-Wave-Band **The Police**.

Er ist bekannt für sein karitatives Engagement.
Größte Hits:
***When We Dance* (1994)**
***Brand New Day* (1999)**

Phil Collins

(* 1951)
Collins ist Schlagzeuger und Sänger der Band **Genesis**.
Größte Hits:
***You can't Hurry Love* (1982), *In the Air Tonight* (1981), *Groovy Kind of Love* (1988)**

Robbie Williams

(* 1974)
Er galt als »Bad Boy« der Boyband **Take That**
Eintrag im Guinness-Buch der Rekorde für **die meisten an einem Tag verkauften Konzert-Tickets.**
Größte Hits:
***Millennium* (1998), *Rock DJ* (2000), *Candy* (2012)**

Amy Winehouse

(1983–2011)
Markenzeichen: **Beehive** (Bienenkorb-Frisur)

Sie starb im Alter von 27 Jahren an einer Alkoholvergiftung und zählt seitdem zum **Club 27**.
Größte Hits:
***Rehab* (2006)**
***Back to Black* (2007)**

Adele

(* 1988)
Die Absolventin der BRIT School of Performing Arts zählt schon jetzt zu einer der **kommerziell erfolgreichsten** Sängerinnen des **21. Jahrhunderts.**
Oscar-, Golden-Globe- und 10-fache Grammy-Gewinnerin.
Sie sang den Titelsong des 23. **James-Bond-Films Skyfall.**
Größte Hits:
***Someone Like You* (2011)**
***Hello* (2015)**

ANDREW LLOYD WEBBER

* 22. März 1948 in London

Webber ist der
erfolgreichste Musical-Komponist
der Gegenwart.
Viele seiner Musicals
liefen jahrzehntelang
am Londoner **West End**
und am **Broadway**.

1991
war er der erste und einzige
Komponist, von dem gleichzeitig
6 Musicals am West End liefen.

Jesus Christ Superstar*, *Evita* und *Das Phantom der Oper
wurden verfilmt.

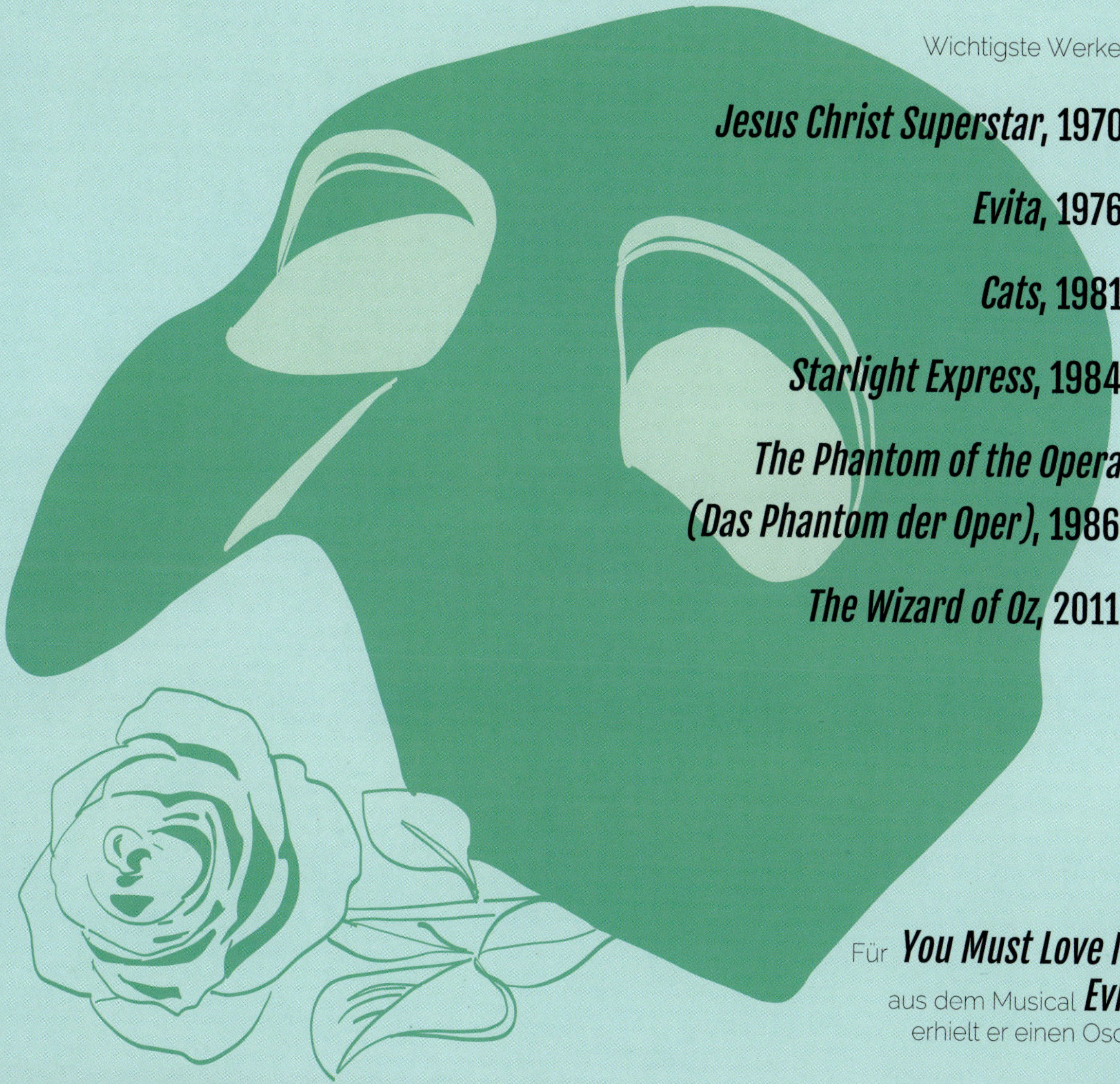

Wichtigste Werke:

***Jesus Christ Superstar*, 1970**

***Evita*, 1976**

***Cats*, 1981**

***Starlight Express*, 1984**

***The Phantom of the Opera* (*Das Phantom der Oper*), 1986**

***The Wizard of Oz*, 2011**

Für ***You Must Love Me*** aus dem Musical ***Evita*** erhielt er einen Oscar.

SCHAUSPIELER

Laurence Olivier

* 22. Mai 1907 in Dorking, † 11. Juli 1989 in Steyning

dreifacher Oscar-Preisträger, Schauspieler, Regisseur, Produzent, Bühnendarsteller

Wuthering Heights (*Sturmhöhe*), 1939, ***Hamlet*** 1949, ***Pride and Prejudice*** (*Stolz und Vorurteil*), 1940, ***Richard III*** 1955

Dirk Bogarde

* 28. März 1921 in London † 8. Mai 1999 in London

Schauspieler und Schriftsteller

The Servant (*Der Diener*), 1963, ***Darling*** 1965, ***Morte a Venezia*** (*Tod in Venedig*), 1971

Michael Caine

* 14. März 1933 in London

erfolgreichster Charakterdarsteller seiner Generation

Alfie (*Der Verführer lässt schön grüßen*), 1967, ***Hannah and Her Sisters*** (*Hannah und ihre Schwestern*), 1986, ***The Cider House Rules*** (*Gottes Werk und Teufels Beitrag*), 1999

Sean Connery

* 25. August 1930 in Edinburgh

Schauspieler und Produzent

James-Bond- Darsteller von 1962 bis 1983

Marnie 1964, ***The Name of the Rose*** (*Der Name der Rose*), 1986, ***Highlander*** (*Highlander – Es kann nur einen geben*), 1986, ***The Untouchables*** (*Die Unbestechlichen*), 1987, ***Dragonheart,*** 1996

Alec Guinness

* 2. April 1914 in London, † 5. August 2000 in Midhurst

»Mann der tausend Gesichter«

Kind Hearts and Coronets (*Adel verpflichtet*), 1949, ***The Bridge on the River Kwai*** (*Die Brücke am Kwai*), 1957, ***Lawrence of Arabia*** (*Lawrence von Arabien*), 1962, ***Doctor Zhivago*** (*Doktor Schiwago*), 1965

Hugh Grant

*** 9. September 1960 in London**

bekannt für seine Romantikkomödien:
Four Weddings and a Funeral (*Vier Hochzeiten und ein Todesfall*), 1994, ***Notting Hill,*** 1999, ***About a Boy,*** 2002, ***Love Actually*** (*Tatsächlich … Liebe*), 2003

Tilda Swinton

*** 5. November 1960 in London**

Schauspielerin
Orlando 1992, ***The Deep End*** (*The Deep End – Trügerische Stille*), 2001, ***Michael Clayton,*** 2007, ***Only Lovers Left Alive,*** 2013

Elizabeth Taylor

*** 27. Februar 1932 in London**
† 23. März 2011 in Los Angeles

Schauspielerin und Leading Lady der MGM-Studios
A Place in the Sun (*Ein Platz an der Sonne*), 1951, ***Cat on a Hot Tin Roof*** (*Die Katze auf dem heißen Blechdach*), 1958, ***Cleopatra,*** 1963, ***Who's Afraid of Virginia Woolf?*** (*Wer hat Angst vor Virginia Woolf?*), 1966, ***Boom*** (*Brandung*) ,1968

Emma Thompson

*** 15. April 1959 in London**

Schauspielerin, Drehbuchautorin, Produzentin
Howards End (*Wiedersehen in Howards End*) 1992, ***The Remains of the Day*** (*Was vom Tage übrig blieb*) 1993, ***Sense and Sensibility*** (*Sinn und Sinnlichkeit*) 1995, ***Love Actually*** (*Tatsächlich … Liebe*) 2003

Kate Winslet

*** 5. Oktober 1975 in Reading**

Schauspielerin und Sängerin
Titanic 1997, ***Eternal Sunshine of the Spotless Mind*** (*Vergiss mein nicht!*), 2004, ***The Reader*** (*Der Vorleser*), 2008, ***Revolutionary Road*** (*Zeiten des Aufruhrs*), 2008

FILME

Caesar and Cleopatra

(Caesar und Cleopatra)

1945

mit Claude Rains, Vivien Leigh

Der Film basiert auf dem gleichnamigen Theaterstück von

George Bernard Shaw.

Hamlet

1948

mit Laurence Olivier

Hamlet war der erste nicht-US-amerikanische Film, der den

Oscar als bester Film gewann.

The Third Man
(*Der dritte Mann*)
1949
mit Jospeh Cotten,
Alida Valli
Orson Welles

Der dritte Mann wurde
1999 vom British Film
Institute zum
besten britischen
Film des
20. Jahrhunderts
gekürt.

Lawrence of Arabia
(*Lawrence von Arabien*)
1962
mit
Peter O'Toole
Alec Guiness
Omar Sharif

Die Handlung ist
angelehnt an den
Kriegsbericht
Die sieben Säulen
der Weisheit von
T. E. Lawrence.

Das Wüstenepos
wurde mit
7 Oscars
prämiert.

Gandhi
1982
mit Ben Kingsley,
Roshan Seth
Saeed Jaffrey

Die Lebensgeschichte
des indischen Unab-
hängigkeitskämpfers
Mahatma Gandhi
Gandhi wurde mit
8 Oscars
ausgezeichnet
(11 Nominierungen).

Four Weddings and a Funeral
(*Vier Hochzeiten und ein Todesfall*),
1994
mit Hugh Grant,
Andie MacDowell

Der Film wurde in
nur 6 Wochen mit
einem Budget
von etwa 3 Mio. Pfund
gedreht.

Trainspotting
1996
mit Ewan McGregor,
Ewen Bremner,
Robert Carlyle. Regis-
seur: Danny Boyle.
Trainspotting ist
die Verfilmung des
gleichnamigen
Romans von
Irvine Welsh und **laut**
British Film Institute
einer der 10 besten
britischen Filme.

Mr. Bean
mit Rowan Atkinson als
Mr. Bean
eigentlich eine
Comedyserie
bestehend aus
14 Episoden
Filme:
Bean (*Bean – Der ultimative Katastrophenfilm*),
1997,
Mr. Bean's Holiday
(*Mr. Bean macht Ferien*),
2007

JAMES BOND

Romanfigur von Ian Fleming

Bond arbeitet für den
Britischen Geheimdienst

MI 6.

Er hat die Doppel 0 –

die Lizenz zum Töten.

M leitet den MI 6.
Q ist für die Entwicklung der technischen Ausstattung zuständig.
Miss Moneypenny ist die Sekretärin von M.

Darsteller James Bond:

Sean Connery – 6-mal
David Lazenby – 1-mal
Roger Moore – 7-mal
Timothy Dalton – 2-mal
Pierce Brosnan – 4-mal
Daniel Craig – 4-mal

Einige Bond-Girls:

Ursula Andress
Claudin Auger
Karin Dor
Diana Rigg
Jill St. John
Jane Seymour
Barbara Bach
Corinne Céry
Grace Jones
Teri Hatcher
Sophie Marceau
Halle Berry

Einige Bond-Bösewicht-Darsteller:

Peter Lorre
Orson Welles
Telly Savalas
Christopher Lee
Klaus Maria Brandauer
Javier Bardem
Christoph Waltz

ALFRED HITCHCOCK

* 13. August 1899 in Leytonstone
† 29. April 1980 in Los Angeles

Meister des Suspense

Hitchcock drehte
Stummfilme
wie
The Ring
(*Der Weltmeister*) 1927,
The Farmer's Wife 1928,
Champagne 1928 und
The Manxman (*Der Mann von der Insel Man*) 1929,
schaffte aber dann den Sprung zum Tonfilm.

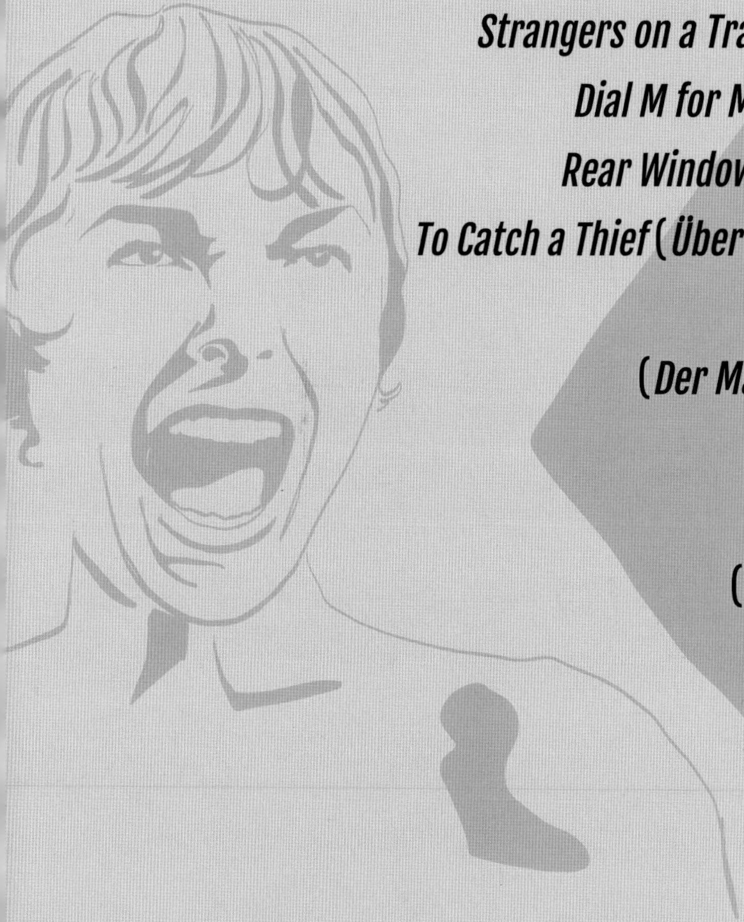

Rope (*Cocktail für eine Leiche*), 1948

Strangers on a Train (*Der Fremde im Zug*), 1951

Dial M for Murder (*Bei Anruf Mord*), 1951

Rear Window (*Das Fenster zum Hof*), 1954

To Catch a Thief (*Über den Dächern von Nizza*), 1955

The Man Who Knew Too Much

(*Der Mann, der zu viel wusste*), 1956

Vertigo, 1958

North by Northwest

(*Der unsichtbare Dritte*), 1959

Psycho, 1960

The Birds (*Die Vögel*), 1963

Marnie, 1964

Topaz (*Topas*), 1969

Frenzy, 1972

CHARLIE CHAPLIN

eigentlich Sir Charles Spencer Chaplin jr.

* 16. April 1889 in London
† 25. Dezember 1977 in Vevey

Chaplins Kindheit war von Armut geprägt. Er sprach den Londoner Dialekt

Cockney.

Der Tramp (Charlot) –

die Film-Ikone Chaplin trat

1914

erstmals als diese Figur auf.

Es gab Chaplin-Puppen, -Comics und -Songs. Chaplin war an den kommerziellen Erfolgen allerdings nicht beteiligt.

Chaplins Leichnam

wurde gestohlen, um Geld von seiner **Familie zu erpressen.**

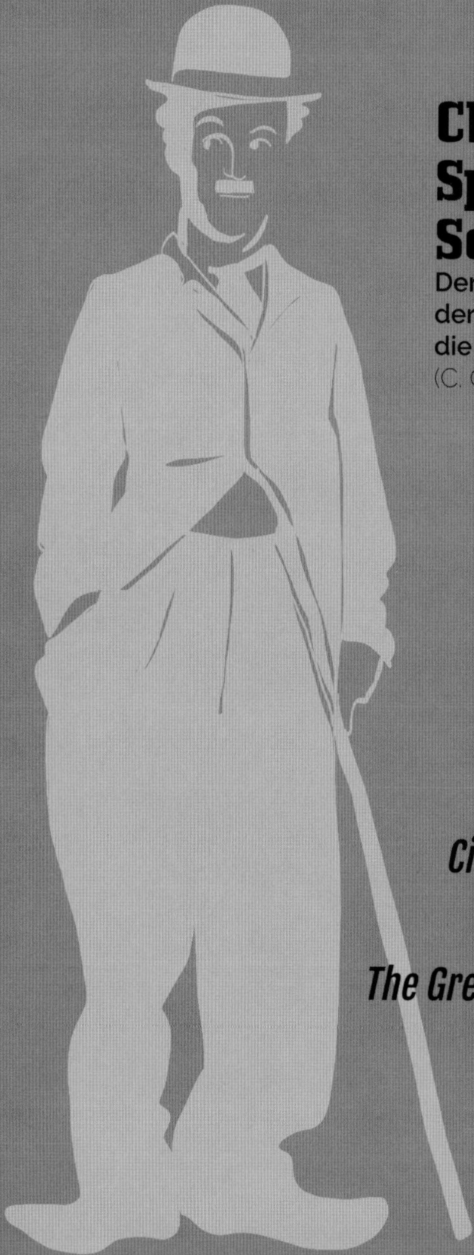

Chaplinbart
Spazierstock
Schuhe

Der Spazierstock steht für die Würde des Menschen
der Schnurbart für die Eitelkeit und
die ausgelatschten Schuhe für die Sorgen.
(C. Chaplin)

The Gold Rush (*Goldrausch*), 1925
City Lights (*Lichter der Großstadt*), 1931
Modern Times (*Moderne Zeiten*), 1936
The Great Dictator (*Der große Diktator*), 1940
Limelight (*Rampenlicht*), 1952

MONTY PYTHON

1969 gegründete britische Komikergruppe, die sich 2014 auflöste.

Mitglieder:

Graham Chapman †
John Cleese
Terry Gilliam
Eric Idle
Terry Jones
Michael Palin

Wichtigste Filme:

Monty Python and the Holy Gral (*Die Ritter der Kokosnuss*), 1975

Life of Brian (*Das Leben des Brian*), produziert von Ex-Beatle George Harrison, 1979

The Meaning of Life (*Der Sinn des Lebens*), 1983

Von der Fernsehserie
Monty Python's Flying Circus
wurden

45 Folgen

für die BBC gedreht.

Erkennungsmelodie:

John Philip Sousas Marsch
The Liberty Bell

Die Mitglieder sangen beim Begräbnis von

Chapman
den bekannten Song

Always Look on the Bright Side of Life.

PUB FOOD

Sandwich

Angeblich nach **John Montagu,** dem **4. Earl of Sandwich** benannt, der sich belegte Brote zubereiten ließ, damit er seine Bridge-Partien nicht unterbrechen musste.

Bookmaker Sandwich

Roastbeef, Senf, Meerrettich

Submarine Sandwich

belegtes Baguette

Gentlemen's Relish

Anchovipaste, die traditionell dünn auf Toast gestrichen wird

Jacket Potatoes

Ofenkartoffeln

mit Käse, Käse und Bohnen, Thunfisch-Mayonnaise oder Chili con carne

Worcester Sauce

Würzsauce aus **Essig, Melasse, Zucker, Salz, Sardellen, Tamarinden-Extrakt, Zwiebeln, Knoblauch und Gewürzen**

Fish and Chips

In Teig gebackenes

Fischfilet und Pommes (Chips).

Beilagen:
mushy peas (Erbsenpüree),
gherkins (Essiggurken),
salt ‚n' vinegar (Salz und Malzessig) zu den Chips

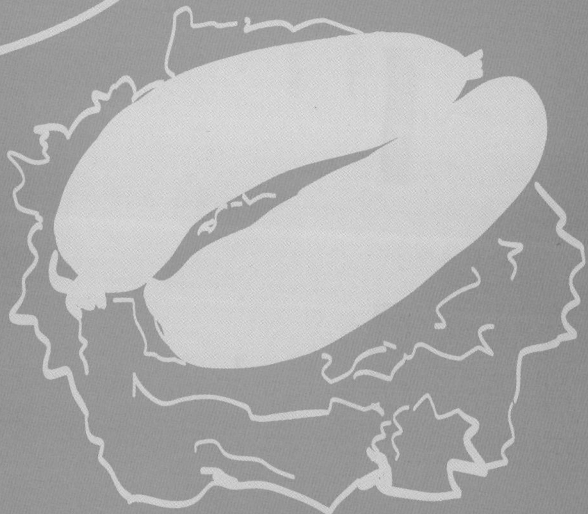

Bangers and Mash

Würstchen mit Kartoffelbrei

Mint Sauce

Kalte Sauce aus gehackten

Minzeblättern, Essig und Zucker.

Wird zu Fleisch serviert.

BIER

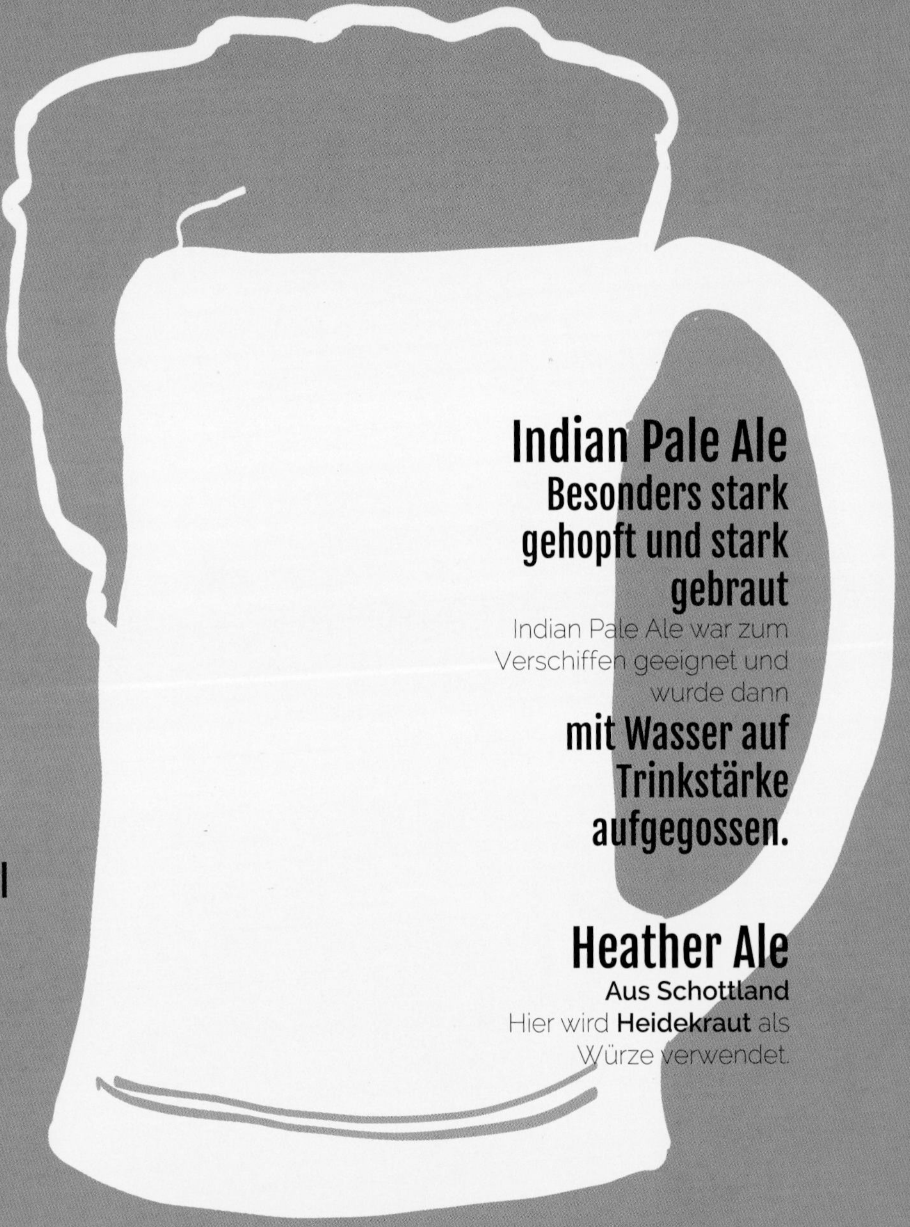

Lager
Untergäriges, helles Bier
Lager wird kalt serviert.

Real Ale
Obergäriges, helles oder dunkles hopfen-bitteres Bier
Real Ale wird nicht kalt serviert.

Mild Ale
weniger Hopfenanteil

Pale Ale
helle Farbe

Indian Pale Ale
Besonders stark gehopft und stark gebraut
Indian Pale Ale war zum Verschiffen geeignet und wurde dann **mit Wasser auf Trinkstärke aufgegossen.**

Heather Ale
Aus Schottland
Hier wird **Heidekraut** als Würze verwendet.

Das derzeit

stärkste Bier der Welt

ist das schottische **Brewmeister Snake Venom** mit einem Alkoholgehalt von

67,5 %.

Bitter

Wie Ale ein obergäriges Bier, das bei höheren Temperaturen gebraut wird. Bitter wird nicht kalt serviert –

Asterix und Obelix nennen es daher »lauwarme cervisia«.

Porter

Obergäriges, sehr **dunkles Bier, mit malzigem Geschmack.**

Stout

Besonders **kräftiges Porter**

Der Name kommt von

Stout Porter

(kräftiges Porter).

Guinness

Eigentlich eine Brauereimarke

Guinness Draught –

wird mit Kohlensäure und Stickstoff gezapft, damit der Schaum cremiger und haltbarer wird

Guinness Extra Stout

klassisches Stout, wird auch **Guinness Original** genannt

ENGLISH BREAKFAST

Baked Beans
mit Tomatensauce gebackene weiße Bohnen

Fried Mushrooms
gebratene Champignons

Slices of Bacon
gebratener Frühstücksspeck

Grilled Tomatoes
gegrillte Tomaten

Kippers
gesalzene Räucherheringe

Black Pudding
eine Art Blutwurst

Tea with milk
Tee mit Milch

Cereals oder Porridge
Frühstücksflocken oder Haferbrei

Sausages
Würstchen

Poached Eggs
pochiertes Ei

Scrambled Eggs
Rührei

Fried Eggs
Spiegelei

Toast
(brown or white) mit Butter und Marmelade (nur Orange oder Zitrone)

Gewürzt wird mit **Brown Sauce** oder **Red Sauce** (Ketchup).

AFTERNOON TEA

17 Uhr

Tee
aus China oder Indien

Caddy spoon
Teelöffel, auch Portionierer

1 Löffel Tee pro Tasse

Die **Teekanne** wird zuerst **mit heißem Wasser ausgespült**.

Verschiedene Meinungen gibt es hinsichtlich der Frage, ob Milch oder Tee zuerst in die Tasse kommt:

MIF: *Milk in First*
TIF: *Tea in First*
(eher Middle und Upper Class)

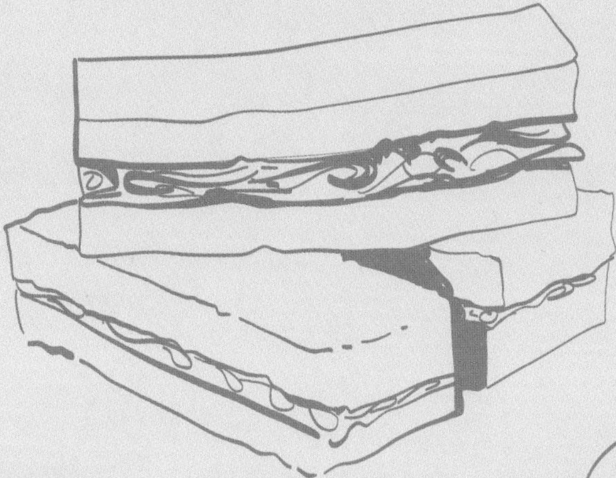

Fingersandwiches

In Streifen geschnittene Sandwiches, mit Gurke und Kresse, Schinken und Lachs belegt. Cucumbersandwiches werden bei Oscar Wildes ***The Importance of Being Earnest*** erwähnt.

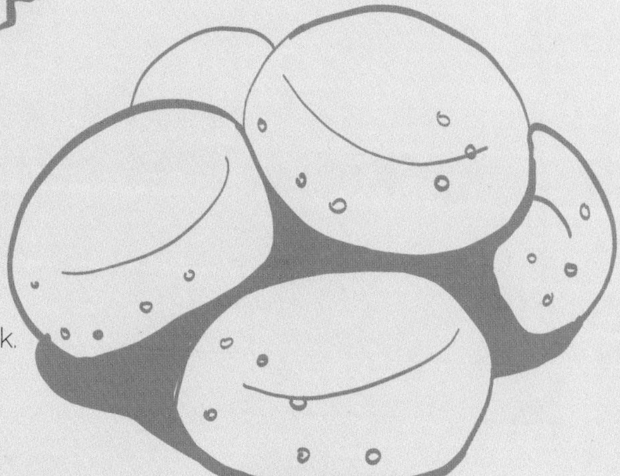

Scones mit Clotted Cream und Erdbeerkonfitüre

Scones sind ein englisches Teegebäck. Sie werden mit Schlagsahne und Erbeerkonfitüre bestrichen.

Auswahl an Teekuchen

STILTON UND ANDERE KÄSESORTEN

Blue Stilton

Englischer
Blauschimmelkäse

Cheddar

Kuhmilchkäse
kommt »Scottish Mild«
nach ca. 3 Monaten Reife
in den Handel

Chester

Kuhmilchkäse
ältester namentlich überlieferter
Käse Großbritanniens

Gloucester

Kuhmilchkäse
mit Annatto (natürlicher Farbstoff)
orange gefärbt

Red Leicester

Hartkäse

ähnlich dem Cheddar,
ebenfalls mit Annatto (natürlicher Farbstoff)
orange gefärbt

Shropshire Blue

Schottischer
Blauschimmelkäse

Stinking Bishop

Kuhmilchweichkäse
mit starkem Geruch

Teifi

Walisischer
Kuhmilchkäse

Wigmore

Schafskäse

SPEZIALITÄTEN

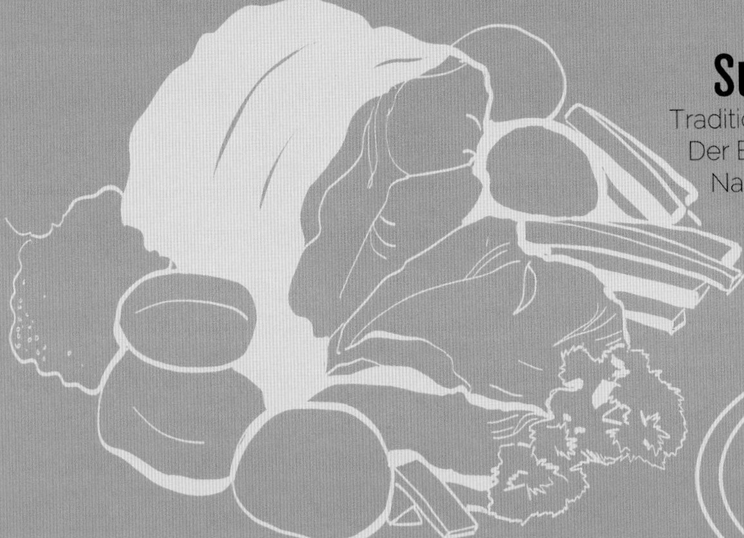

Sunday Roast

Traditioneller Sonntagsbraten
Der Braten wird am frühen
Nachmittag gegessen.

Christmas Pudding/ Plumpudding

Dieses traditionelle
Weihnachtsgericht
wird mit Brandy getränkt.
Er war zu Zeiten
Oliver Cromwells
offiziell verboten.

Haggis

Schottische Spezialität:
mit Innereien gefüllter
Schafsmagen

Weetabix®

Eigentlich ein Firmenname
Vollkornkeks, der in Milch oder Saft eingeweicht und **zum Frühstück gegessen wird.**

Marmite®

Vegetarische Würzpaste, Brotaufstrich

Schottisches Porridge

Schottischer, besonders **reichhaltiger Haferbrei,** der mit Sahne zubereitet wird.

Yorkshire Pudding

wird als Beilage zu Roastbeef oder anderen gebratenen Fleischgerichten gegessen.
Der Teig bildet, in einer Muffinform gebacken, eine Mulde, die mit Bratensaft gefüllt wird.

WHISKY

Eine aus **Getreidemaische hergestellte und mindestens drei Jahre im Holzfass gereifte Spirituose**

Der Name leitet sich vom Gälischen *Uisge Beatha* (Wasser des Lebens) ab.

Iren und Schotten streiten, wer als Erster Whisky herstellte.

Herstellung:

Mälzen
Schroten
Maischen
Gären
Destillieren
Lagern

Schottische Whisky-Regionen:

Highlands
Speyside
Lowlands
Islay
Inseln
Campbeltown

EUROTUNNEL

engl. Channel Tunnel,
1993 fertiggestellt

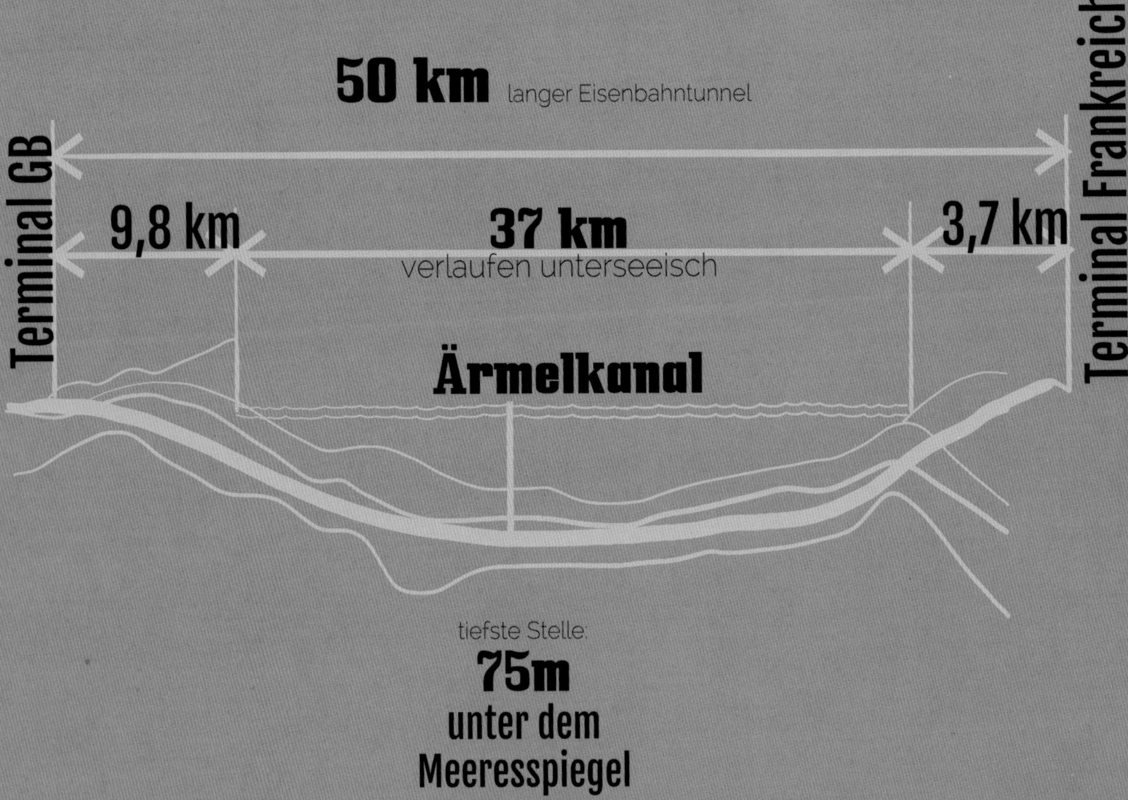

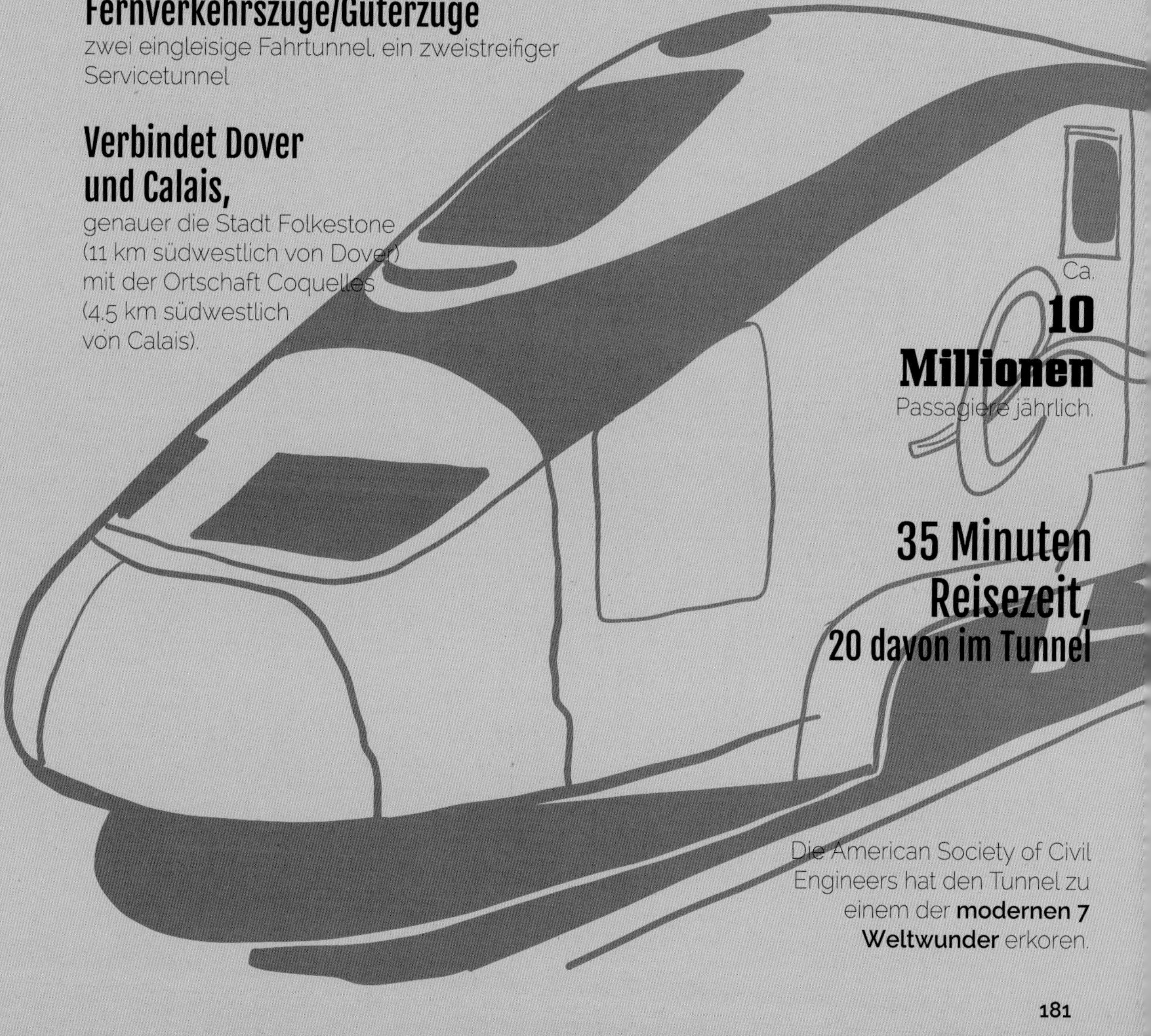

Eurostar (Hochgeschwindigkeitszug)/ Fernverkehrszüge/Güterzüge

zwei eingleisige Fahrtunnel, ein zweistreifiger Servicetunnel

Verbindet Dover und Calais,

genauer die Stadt Folkestone (11 km südwestlich von Dover) mit der Ortschaft Coquelles (4,5 km südwestlich von Calais).

Ca.
10 Millionen
Passagiere jährlich.

35 Minuten Reisezeit,
20 davon im Tunnel

Die American Society of Civil Engineers hat den Tunnel zu einem der **modernen 7 Weltwunder** erkoren.

HÄFEN

Mehr als **90 %** aller Waren kommen per Schiff ins Land.

Die **4** größten Häfen Großbritanniens sind Felixstowe, Tilbury, Southampton und Teesport.

Passagierschiffe

befördern Passagiere zwischen Frankreich, Belgien, Niederlande und Dänemark.

Großbritannien hatte lange Zeit die größte Handelsmarine der Welt.

UNTERWEGS UND LONDON TRANSPORTS

Das Straßennetz Großbritanniens ist

ca. 388 000 km

lang.

Roundabout

Kreisverkehr

Autobahnen

A Roads (nummeriert), ähnlich den Bundesstraßen

B Roads sind Verbindungen lokaler oder regionaler Bedeutung.

U-Turn

zum Umkehren

London Underground:

Für den Betrieb der Tube zuständig.

Älteste U-Bahn der Welt

Größte Netzlänge in Europa

Nach Himmelsrichtungen organisiert

Busse

Doppeldeckerbusse sind charakteristisch für das Stadtbild von London.

Bei den Haltestellen gilt: ordentlich anstellen!

London Cabs

Hergestellt von:
London Taxis International

MODEMACHER

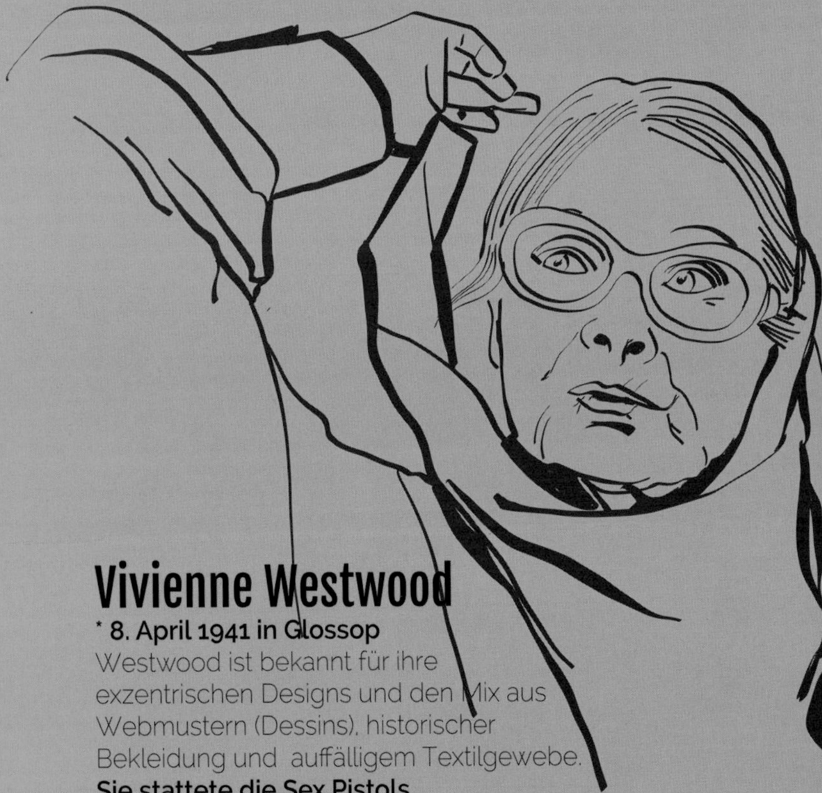

John Galliano

***28. November 1960 in Gibraltar**

Er arbeitete für

Givenchy und Dior.

Galliano gilt als der **Kostümbildner** unter den Modemachern und ist bekannt für

seine Volantroben.

Vivienne Westwood

*** 8. April 1941 in Glossop**

Westwood ist bekannt für ihre exzentrischen Designs und den Mix aus Webmustern (Dessins), historischer Bekleidung und auffälligem Textilgewebe. **Sie stattete die Sex Pistols** aus und brachte so

Punk und New Wave

in die Mode.

Ihre Hochzeitskleider trugen zahlreiche Stars, darunter **Miss Piggy** in *Muppets Most Wanted*, **Dita von Teese** und **Jerry Hall**.

Alexander McQueen

* 17. März 1968 in London
† 11. Februar 2010 in London

Er gründete sein eigenes Label und hatte schnell den Ruf des

»Enfant terrible«

der britischen Modeszene – er ließ **blutverschmierte Models** auf dem Laufsteg laufen und zeigte Journalisten den Po.

Markenzeichen:

stilisierter Totenkopf, tief sitzende Hüfthosen

Stella McCartney

* 13. September 1971 in London

Die Tochter von Ex-Beatles-Mitglied Paul McCartney produziert

umweltfreundliche Mode.

Ihre Abschlusskollektion wurde 1995 von **Kate Moss und Naomi Campell** präsentiert.

Victoria Beckham

* 17. April 1974 in Harloe

Das ehemalige Mitglied der **Spice Girls** ist mit Fußballstar **David Beckham verheiratet.** Modedesignerin, Model und

Fashionikone

Beckham hat ihr eigenes Denimlabel und kreierte zahlreiche Düfte, eine Kosmetiklinie sowie eine Sonnenbrillenkollektion.

GROSSE MARKEN

Aquascutum

gegründet

1851 in London

Das Unternehmen fertigte zu Beginn wasserdichte **Trenchcoats und Regenmänte**l und stattet heute die Königsfamilie und zahlreiche Hollywoodstars aus.

Markenzeichen:

geschütztes Glencheck-Muster

Burberry

1858

von Thomas Burberry

gegründet.

Burberry ist bekannt für die Entwicklung des **Trenchcoats** – Audrey Hepburn trug ihn in **Frühstück bei Tiffany** und Peter Sellers in **Der rosarote Panther**.

Markenzeichen:

Check-Karomuster

Pringle of Scotland

1815

von Robert Pringle

gegründetes Modeunternehmen mit Fabrikationsstätte in **Hawick, der schottischen Stadt**, die bekannt ist für die Verarbeitung von **Merino- und Kaschmirwolle**. Pringle begann mit **Woll-Strumpfwaren und Woll-Unterkleidung** und ist heute auch für Sportbekleidung (Golf), Accessoires und Lederwaren bekannt.

Markenzeichen:

geschütztes Argyle-Muster

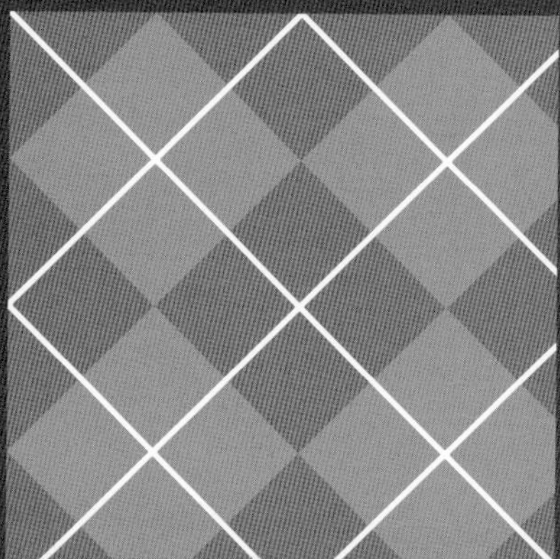

Mulberry

1971 gegründet

Mulberry ist vor allem bekannt für Handtaschen.

Bekannteste Handtaschenmodelle:
The Bayswater, The Alexa (benannt nach Alexa Chung), The Del Rey (benannt nach Lana Del Rey), The Willow

Paul Smith

1970

gegründet vom britischen Modedesigner

Sir Paul Brierley Smith

Markenzeichen:

traditionelle britische Herrenmode neu interpretiert (***classic with a twist***), florale Muster, Streifenmuster (14 Farben)

TEXTILINDUSTRIE

Im 18. Jahrhundert
wurde Baumwolle noch in Heimarbeit gesponnen.

Harris Tweed
Er wird nur auf den Äußeren Hebriden (Schottland) hergestellt.
Der Harris Tweed ist ein handgewebter Stoff aus reiner Schurwolle.

Spinning Jenny
1764
erste Spinnmaschine
von James Hargreaves

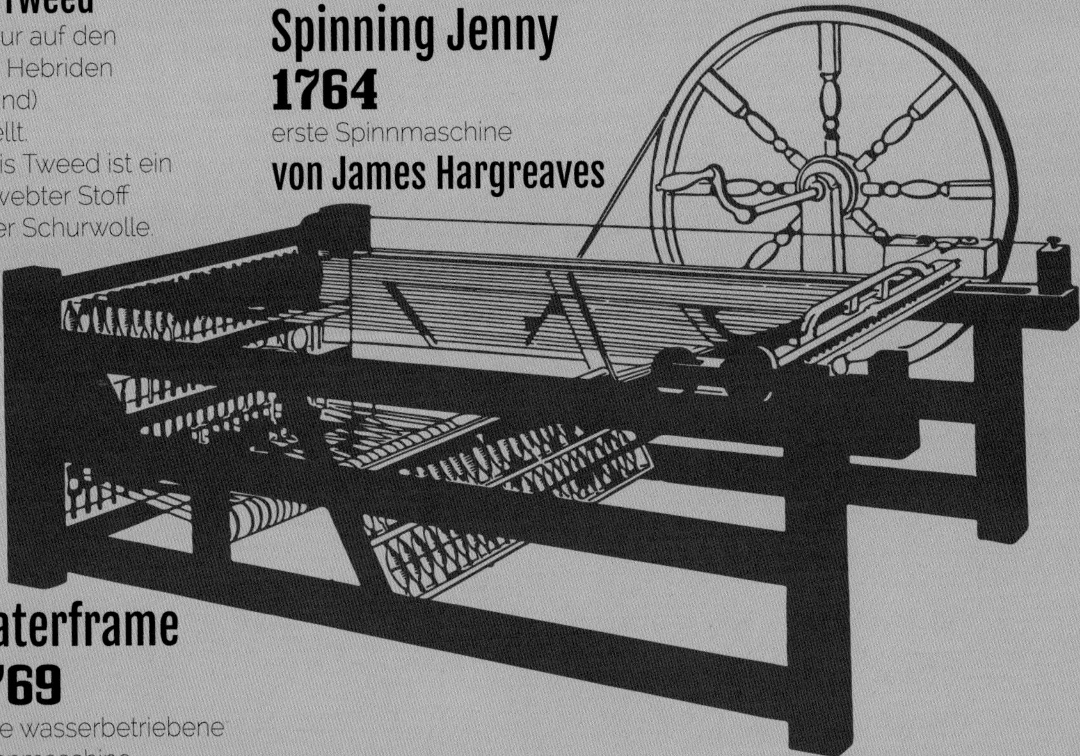

Waterframe
1769
erste wasserbetriebene Spinnmaschine
von Richard Arkwright

Die Mechanisierung hatte den Verlust **zahlloser Arbeitsplätze.** zur Folge.

Diese Maschinen führten zu einer fundamentalen Umgestaltung der Arbeitswelt: **der Industriellen Revolution.**

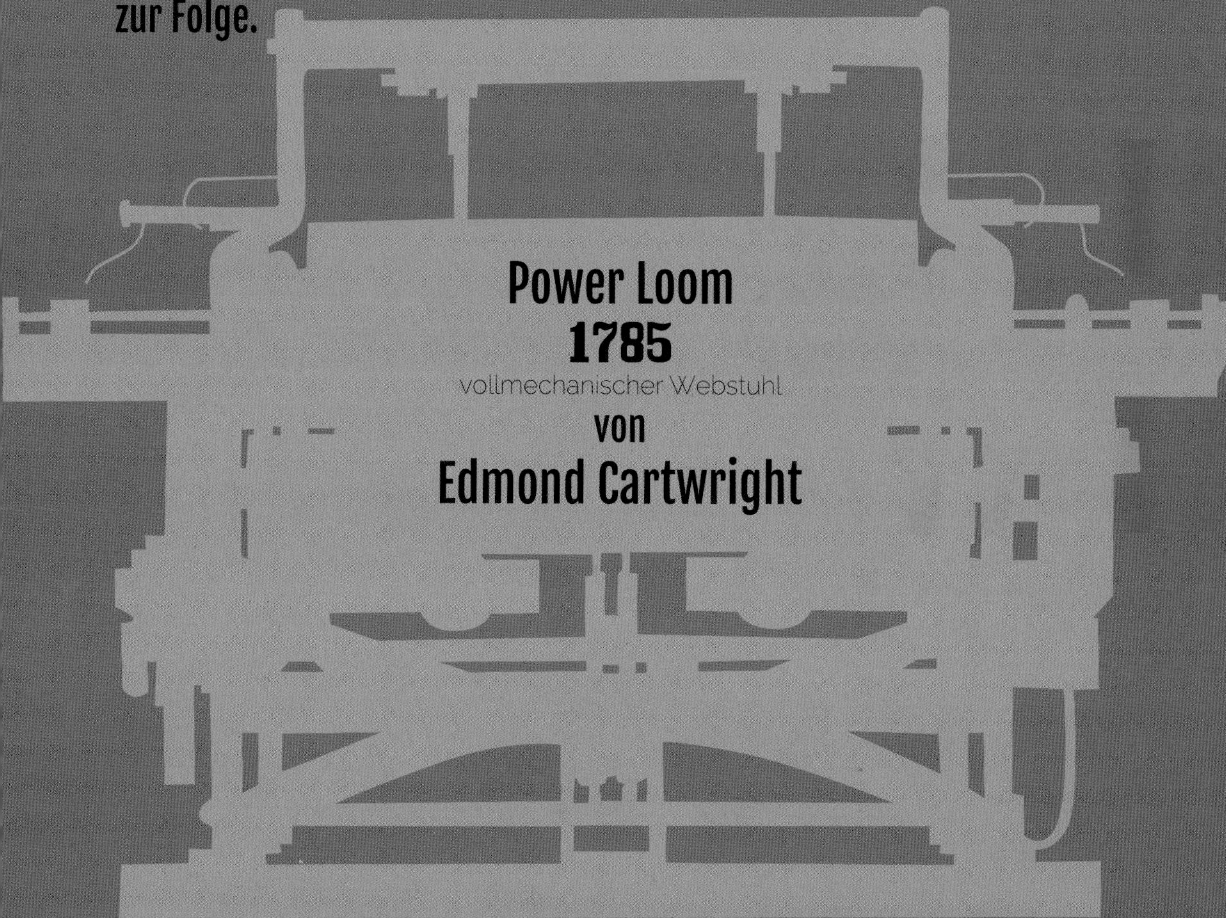

Power Loom

1785

vollmechanischer Webstuhl

von

Edmond Cartwright

GELD Währung: Pound Sterling (GBP)

Sterling bezeichnet eigentlich eine Qualität von Silber.

1694
wurden handgeschriebene
Banknoten
ausgegeben.

1697 wurden **Wasserzeichen**
eingeführt, um Fälschungen
zu verhindern.

London Stock Exchange

Eine der größten und
ältesten Börsen in Europa:

1698 bereits erwähnt.

1773
taucht sie unter dem Namen
Stock Exchange auf.

1923 eigenes Wappen:
Dictum meum pactum
(Mein Wort ist meine Verpflichtung)

In den napoleonischen Kriegen wurden zum ersten Mal 5-Pfund-Scheine gedruckt.

Big Bang

vollständige Liberalisierung
des Finanzmarktes

Die Bank of England

**gehört zu den
Big Four Banks der Welt:**

Bank of England,
Federal Reserve USA,
Europäische Zentralbank,
Bank von Japan.

Großbritanniens Big Four:

Bank of England
Lloyds Banking Group
Royal Bank of Scotland RBS (Nat West)
Barclays

UNIVERSITÄTEN

University of Oxford

Älteste britische Universität, drittälteste in Europa, im

12. Jahrhundert

gegründet

38 Colleges und

6 Private Halls

Absolventen:

Oscar Wilde, J.R.R. Tolkien, T.S. Eliot, Aldous Huxley, Harper Lee, John Donne, Percy Bysshe Shelley, C. S. Lewis, Evelyn Waugh, W. H. Auden, Graham Greene, Lord Byron, Salman Rushdie, Dorothy L. Sayers, Lewis Carroll, Rupert Murdoch, Christopher Wren, Emma Watson

University of Cambridge

1209 gegründet,

nachdem etliche Studenten und Professoren wegen gewaltsamer Auseinandersetzungen aus **Oxford** geflohen waren.

Die Aufnahme war bis 1960 von Latein- und Griechischkenntnissen abhängig.

31 Colleges

Absolventen:

John Cleese, Stephen Fry, Isaac Newton, Charles Darwin, Silvia Plath, Salman Rushdie, Lord Snowdon, Emma Thompson, Prince Charles

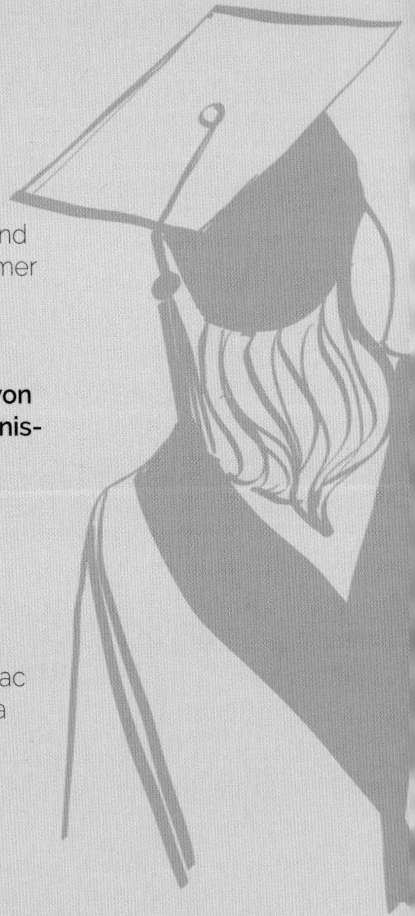

G-5-Universitäten Englands:

University of Oxford, University of Cambridge, Imperial College of London, London School of Economics, University College London

University of St. Andrews

1413 gegründet

Älteste Universität Schottlands

Ursprünglich von Augustinermönchen geleitet

Kleine Studentenzahl, starke Verbindungen in die USA

Raisin Weekend

riesige Schaumschlacht, ältere Studenten **»adoptieren« Erstsemester**

Gowns

Die Talare werden bei bestimmten Anlässen getragen.

Absolventen:

Benjamin Franklin
Prince William
Kate Middleton
Nicolas Sarkozy
Jean Paul Marat,
John Napier

University of Bristol

Sie geht auf das

1876 gegründete

University College of Bristol, einen **Ableger der University of London, zurück.**

CHARLES DARWIN

12. Februar 1809 Shrewsbury
† 19. April 1882 Downe

Er reiste mit dem
Schiff HMS Beagle
einmal um die Welt.
Die Forschungsreise dauerte mehrere Jahre, von Dezember 1831 bis Oktober 1836.

Darwin war Zeit seines Lebens
schwer krank,
die Ursachen sind bis heute unklar. Nach seiner Rückkehr verließ er die Britische Insel nicht mehr.

Sein Vermögen
erlaubte ihm ein
Leben als Privatier.

Um 1838

entstand seine

Theorie der Anpassung von Lebewesen an ihren Lebenraum:

Survival of the Fittest.

Darwin war

Fellow der Royal Society,

einer um 1600 gegründeten britischen Gelehrtengesellschaft, dem **Athenaeum Club** und der **Royal Geographic Society**.

Er veröffentlichte seine Theorie

1859:

On the Origin of Species by Means of Natural Selection, or The Preservation of Favoured Races in the Struggle for Life.

Von der Entstehung der Arten

ERFINDER UND ENTDECKER

Graham Bell

* 3. März 1847
in Edinburgh
† 2. August 1922
in Baddeck

Erfinder des

Telefons (1876)

Alexander Cumming

* etwa 1731–1733 in
Edinburgh
† 8. März 1814
in London

Erfinder des modernen

Wasserklosetts mit Siphon (1775)

John Boyd Dunlop

* 5. Februar 1840
in Dreghorn
† 23. November 1921
in Dublin

Erfinder des luftgefüllten

Autoreifens (um 1888)

Michael Faraday

* 22. September 1791
in Newington
† 25. August 1867
in Middlesex

Erfinder des

Faradayschen Käfigs (1836)

Aufgrund seiner Leistungen auf den Gebieten der Physik und der Mathematik gilt **Sir Isaac Newton** als einer **der bedeutendsten Wissenschaftler aller Zeiten**. Die **Newton'schen Gesetze** revolutionierten die Naturwissenschaft und **machten die moderne Physik erst möglich.**

Isaac Newton

* 4. Januar 1643 in Woolsthorpe-by-Colsterworth
† 31. März 1727
in Kensington

Erfinder des
Spiegelteleskops (1668),
Formulierung der
Newton'schen Gesetze

Edward Nairne

* 1726 in
Sandwich
† 1. September 1806
in London

Erfinder des
Radiergummis (um 1770)

Joseph John Thomson

* 18. Dezember 1856
in Manchester
† 30. August 1940
in Cambridge

Entdecker des
Elektrons (1897)

James Watt

* 30. Januar 1736 in
Greenock
† 25. August 1819 in
Staffordshire

Verbesserung der Wirkungskraft der
Dampfmaschine (1765)

CRICKET

Mannschaftsport, der vor allem in den Commonwealth-Ländern gespielt wird. Seit dem **13. Jahrhundert bekannt.**

Duell zwischen
Bowler
(Werfer)
und
Batsman
(Schlagmann)

Wicket
steht hinter dem Batsman

Cricketball
dunkelrot, mit einem eng mit Schnur umwickelten Kern aus Kork

Innings

Eine Mannschaft versucht, Punkte zu erzielen, die andere Mannschaft versucht, dies zu verhindern.

Jeder Spieler

einer Mannschaft muss als Batsman antreten, **bei einem Fehler scheidet er aus** und wird durch einen **Mannschaftskollegen ersetzt.**

Wenn alle an der Reihe waren, endet das Inning.

Cricket wird traditionell weiß gekleidet gespielt.

Es gibt offizielle Mittags- und Tee-Pausen.

GOLF

Die Schotten
gelten als Erfinder des Golfsports. Golf ist aber auch in Frankreich seit dem
15. Jahrhundert nachweisbar.

Golf war
1900 und **1904**
olympische Sportart.
Seit 2016 gehört Golf wieder zum olympischen Programm.

Golfrunde
9 oder 18 Löcher
oder Bahnen

Caddy:
Balljunge, der die Schläger für den Spieler transportiert

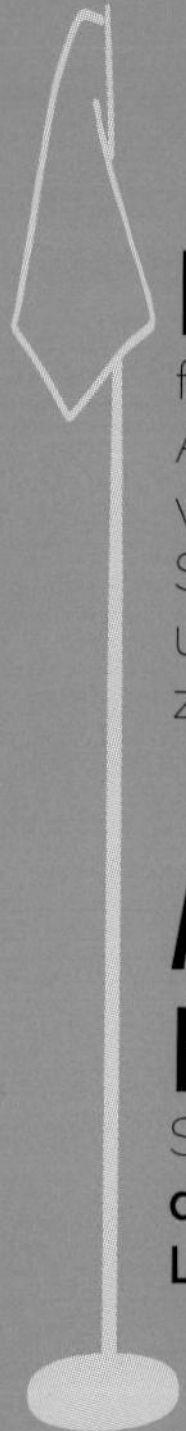

Par

für jedes Loch definierte Anzahl an Schlägen – so viele braucht ein guter Spieler durchschnittlich, um den Ball ins Loch zu befördern.

Ass (engl. *Ace*)/ Hole-in-one

Schlag, der den Ball **direkt vom Abschlag ins Loch** befördert

Condor

(auch Double Albatross oder Triple Eagle genannt)
Vier Schläge unter Par

Albatros

Drei Schläge unter Par

Eagle

Zwei Schläge unter Par

Birdie

Ein Schlag unter Par

Par oder Even

Genau Par

Bogey

Ein Schlag über Par

Double Bogey

Zwei Schläge über Par

Triple Bogey

Drei Schläge über Par

TENNIS

Vorläufer des Tennis war das Jeu de Paume.

Der englische

Major Walter Clopton Wingfield

ließ sich

1864

seine neuen Regeln patentieren.

Die heute üblichen Regeln wurden

1877

in Wimbledon zum ersten Mal

angewendet.

Tennis wird auf Rasen oder Sand gespielt.

Den
Spielstand 0
nennen die Engländer
Love.

Ein Spiel
ohne Punkte des Gegners
heißt daher
Love Game.

Grand-Slam-Turniere:

Australian Open
French Open
Wimbledon
US Open

Die Zählweise
beim Tennis geht wahrscheinlich auf die
französische Tradition der Spielwetten
zurück. Man setzte einen **»gros denier«** auf jeden Satz – dieser hatte den Wert von 15 denier.

RUGBY

Die Legende sagt,
dass Rugby aus einem Fußballspiel in Rugby entstanden ist.

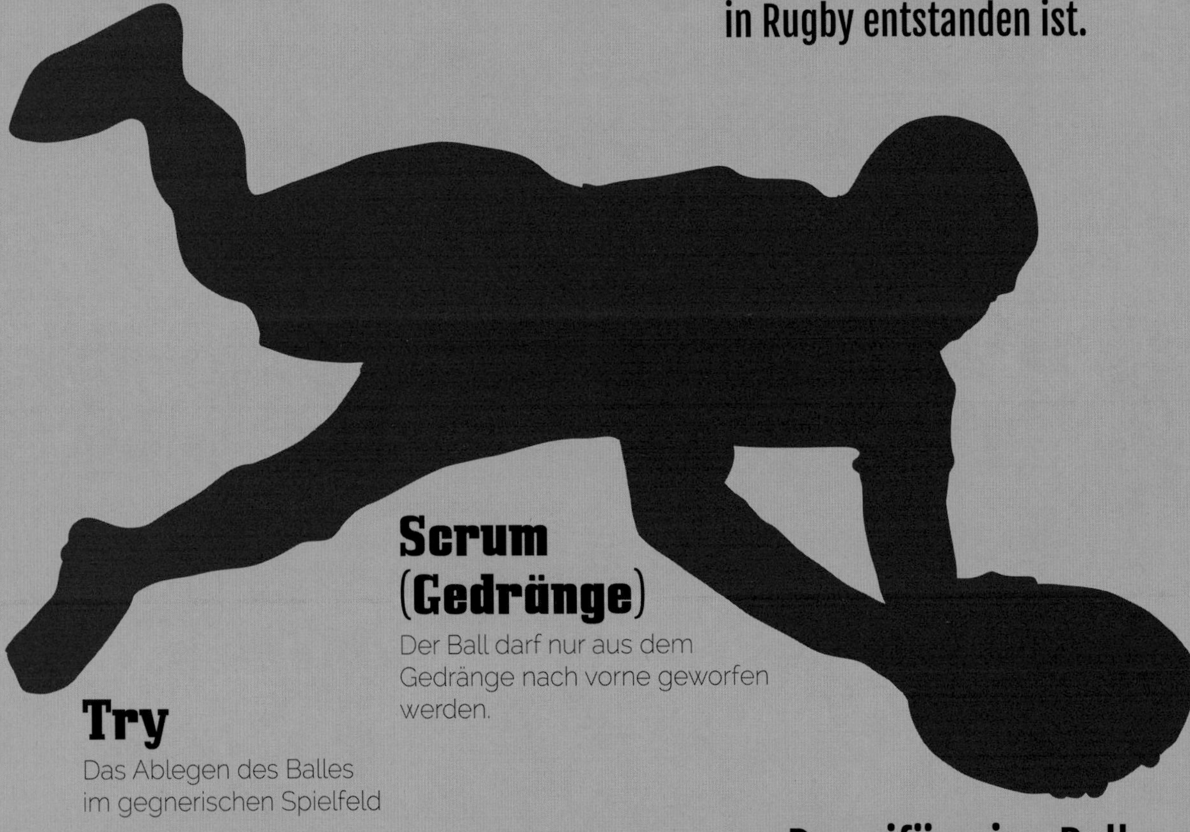

Scrum (Gedränge)

Der Ball darf nur aus dem Gedränge nach vorne geworfen werden.

Try

Das Ablegen des Balles im gegnerischen Spielfeld

Dropkick

Der am Boden liegende Ball wird aus dem laufenden Spiel über die Stange getreten.

Der eiförmige Ball muss am Gegner **vorbeigetragen oder -geschossen werden.**

FUSSBALL

Meistertitel in der Premier League

20 Manchester United

18 FC Liverpool

13 FC Arsenal

9 FC Everton

7 Aston Villa

6 AFC Sunderland

FC Chelsea

4 Manchester City

Newcastle United

Sheffield Wednesday

3 Blackburn Rovers

Huddersfield Town

Leeds United

Wolverhampton Wanderers

1 Leicester City

Stand: Saison 2016/17

Die Football Association **wurde 1863** als erster Fußballverband der Welt gegründet.

Die englische Premier League wird als **»The Greatest Show on Earth«** (die größte Show der Welt) bezeichnet. Sie hat mehr als 1 Milliarde Zuschauer.

REITSPORT

Springreiten

Die Olympia London International Horseshow findet seit mehr als

100 Jahren jährlich im Dezember statt.

Es gilt Anzugpflicht.

Pferderennen

60 Rennstrecken in Großbritannien, ca. 6 Millionen Besucher pro Jahr

Galopprennen und Trabrennen

Flachrennen (Bahn) und Hindernisrennen (Gelände)

Vielseitigkeitsreiten (früher **Military**)

Gilt als Königsdisziplin, beinhaltet Elemente aus Dressur, Springen und Geländeritt.

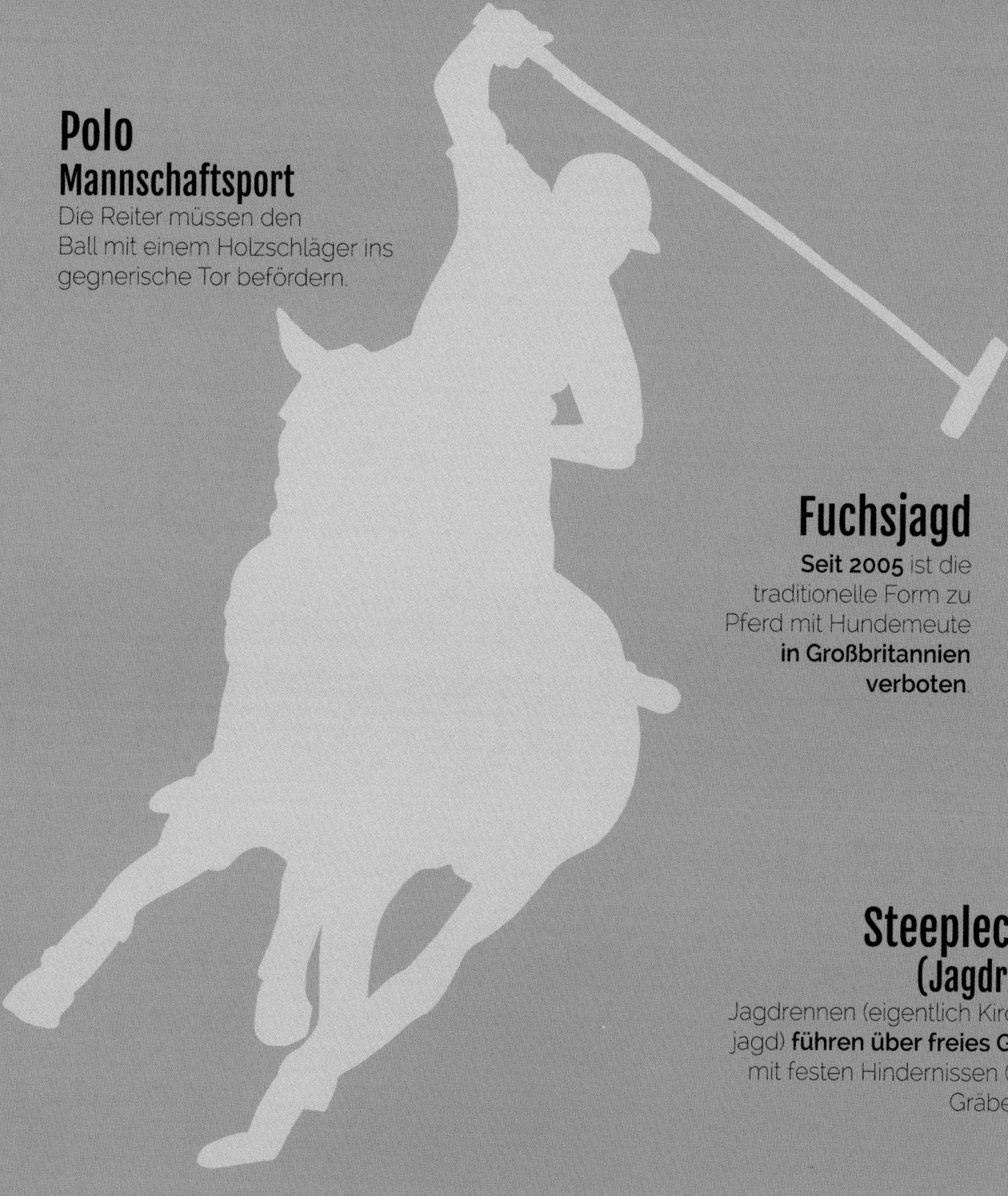

Polo
Mannschaftsport

Die Reiter müssen den Ball mit einem Holzschläger ins gegnerische Tor befördern.

Fuchsjagd

Seit 2005 ist die traditionelle Form zu Pferd mit Hundemeute **in Großbritannien verboten**.

Steeplechase
(Jagdreiten)

Jagdrennen (eigentlich Kirchturmjagd) **führen über freies Gelände** mit festen Hindernissen (Wällen, Gräben usw.).

BILLARD

Billard kommt **wahrscheinlich vom französischen**

Bille

(kleine Kugel).

Maria Stuart

spielte gern Billard.

Shakespeare

lässt Kleopatra Antonius zum Billardspiel auffordern.

Snooker

wurde in Indien von britischen Offizieren um

1875 erfunden.

Snooker ist noch heute ein beliebtes Spiel in englischen Clubs. Von den Spielern wird vorbildliches Verhalten erwartetet, gespielt wird mit Fliege und Weste in Hemdsärmeln.

Diese **Variante von Billard,** wird mit **15 roten und 6 Farben** (andersfarbige Bälle), dem **weißen Spielball** und einem speziellen Queue gespielt. **Der Tisch ist größer als beim Billard.**

Carambolage

wird mit

3 Kugeln

gespielt, der Tisch hat keine Löcher.

Poolbillard

wird mit einem weißen Spielball und

15 farbigen Bällen

gespielt, angespielt wird nur die weiße Kugel, die farbigen müssen versenkt werden. Wenn das nicht gelingt, kommt der andere Spieler an die Reihe.

DARTS

Das Spiel ist in England entstanden,
der Name kommt vom
Französischen *dart* (kleiner Pfeil).

Die Darts
werden auf eine
Scheibe geworfen,
die Spieler stehen hinter der
Oche (Wurflinie).

Die getroffenen Segmente bedeuten unterschiedlich viele Punkte.

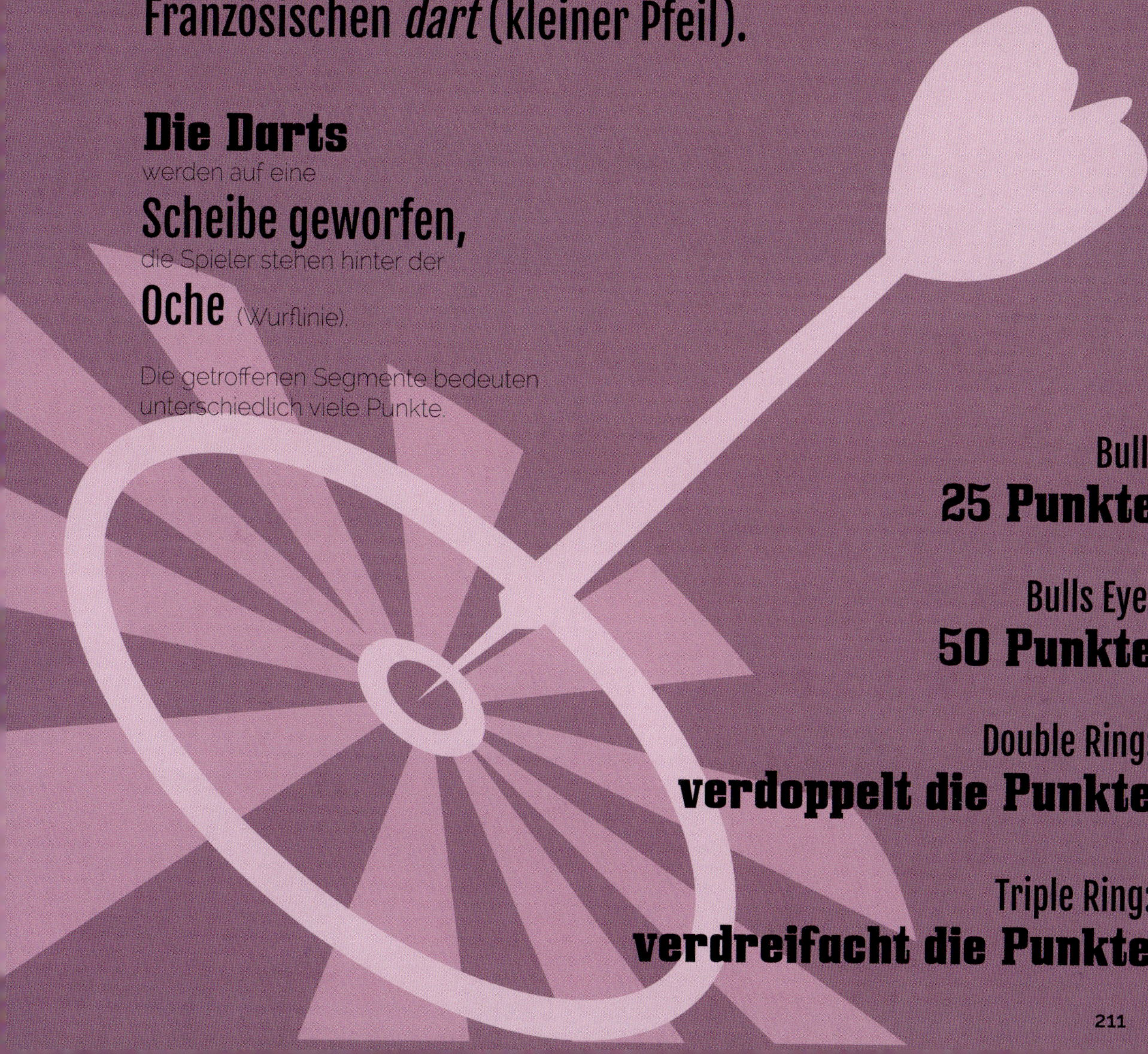

Bull:
25 Punkte

Bulls Eye:
50 Punkte

Double Ring:
verdoppelt die Punkte

Triple Ring:
verdreifacht die Punkte

Register

d

e

n

o

p

t

u

v

w

y

z

TELEPHONE

IMPRESSUM

Verantwortlich: Ulrich Jahn
Konzept und Text: Gabriela Scolik
Gestaltung und Illustration:
Karin Dreher
Lektorat: Bettina Dietrich,
Kathrin Raminger
Umschlaggestaltung: Ralph Hellberg
Gesamtherstellung Print Company
Verlagsges.m.b.H., Wien

★ ★ ★ ★ ★

Sind Sie mit diesem Titel zufrieden? Dann würden wir uns über Ihre Weiterempfehlung freuen. Erzählen Sie es im Freundeskreis, berichten Sie Ihrem Buchhändler, oder bewerten Sie bei Onlinekauf. Und wenn Sie Kritik, Korrekturen, Aktualisierungen haben, freuen wir uns über Ihre Nachricht an NG Buchverlag, Postfach 40 02 09, D-80702 München oder per E-Mail an lektorat@verlagshaus.de

Unser komplettes Buchprogramm finden Sie unter: www.bruckmann.de

Alle Angaben dieses Werkes wurden von den Autoren sorgfältig recherchiert und auf den neuesten Stand gebracht sowie vom Verlag geprüft. Für die Richtigkeit der Angaben kann jedoch keine Haftung übernommen werden.

Die Deutsche Nationalbibliothek verzeichnet diese Publikation in der Deutschen Nationalbibliografie; detaillierte bibliografische Daten sind im Internet über http://dnb.d-nb.de abrufbar.

ISBN 978-3-7343-1164-2